한류 맥 짚기
신개발주의를 알아야 한류가 보인다

정종은 지음

진인진

한류 맥 짚기: 신개발주의를 알아야 한류가 보인다

초판 1쇄 발행 | 2022년 12월 30일

지은이 | 정종은
편　　집 | 배원일
발행인 | 김태진
발행처 | 진인진
등　　록 | 제25100-2005-000003호
주　　소 | 경기도 과천시 별양상가 1로 18 614호(별양동 과천오피스텔)
전　　화 | 02-507-3077-8
팩　　스 | 02-507-3079
홈페이지 | http://www.zininzin.co.kr
이 메 일 | pub@zininzin.co.kr

ⓒ 진인진 2022
ISBN 978-89-6347-530-1 93300

* 책값은 표지 뒤에 있습니다.

목차

감사의 글 ···7

프롤로그: 지난 15년간 무슨 일이 있었던 것일까? ··················9
   낙관과 비관 사이, 근거와 비결을 찾아서 ·························· 11
   신개발주의 문화정책과 한류의 경쟁우위 ·························· 13
   선진국 시대, 전혀 새로운 한류 정책을 꿈꾸며 ·················· 14

Chapter 1. 무엇을 일컬어 '한류'라 하는가? ················· 17
- 2021년 '옥스퍼드 사전'에 공식 등재된 한류(hallyu) ······ 18
- 1990년대 후반 중국 또는 대만에서 처음 등장한 한류 개념 21
- 대한민국 학자들의 '한류' 정의 톺아보기 ······················ 23
- 한류에 대한 종합적인 정의의 모색 ······························· 25

Chapter 2. 한류는 어떻게 전 세계로 뻗어나갔을까? ····· 29
- 한류의 발전에 관한 3단계 시기구분 ····························· 30
- 한류의 역사에 관한 4단계 시기 구분 ····························· 31
- 한류의 혁신에 관한 5단계 시기구분 ····························· 35

Chapter 3. 바보야, 정부가 한 것은 아무것도 없다고? ·············· 37
- 우연과 필연 사이, 한류에 불을 지핀 대한민국 정부 ········ 38
- 대한민국 경제성장의 비밀, 개발국가 모델 ················ 39
- 개발국가 모델의 침식과 1997년의 두 가지 전환점 ········ 41
- 개발연대 VS 분배연대: 새로운 국가모델을 향하여 ······· 46
- 국민의 정부 하에서 이루어진 문화산업 정책의 부상 ····· 49
- 열한 가지 이정표가 보여주는 세 가지 정책적 함의 ········ 52
- 신개발주의 문화산업 정책의 프레임워크 ················· 57
- 한류, 신개발주의 문화 정책의 힘 ······················· 62

Chapter 4. 한류, 왜 그토록 강력한가? ······························ 65
- 한류의 성공 요인에 관한 다양한 연구들 ················· 66
- 문화정책 요인: 신개발주의 문화정책을 통한 체질 변화 ··· 68
- 문화비즈니스 요인: 가치사슬 전반의 실효성 있는
  경영 전략 ··· 70
- 문화콘텐츠 요인: 국가 역량을 반영한 세련되고
  신선한 스토리텔링 ······································ 72
- 성공요인이 결합된 한류 확산의 메커니즘 ················ 74
- 1-3단계: 신개발주의 연대, 창조적 콘텐츠, 국내의
  인식 변화 ··· 76
- 4-5단계: 새로운 준정부조직과 자발적 참여를 통한
  새로운 인프라 형성 ····································· 79
- 6-8단계: 수출 확대 협력, 국제적 인식 변화,
  한류에 대한 증폭된 관심 ································ 83
- 한류가 강한 이유? 정책-산업-콘텐츠의 선순환 구조! ····· 89

Chapter 5. 한류는 대한민국에 무엇을 제공했는가? ················ 91
- 한류의 성공 요인에 관한 다양한 연구들 ······················ 92
- 한류의 직접 효과: 대중문화 확산이 가져오는
  문화 분야의 효과 ·· 95
- 한류의 파생 효과: 연관산업 및 일반 산업의
  브랜드 가치 상승 ·· 97
- 한류의 후광 효과: 국가 이미지와 소프트 파워의 제고 ······ 98
- 한류가 가져온 파급효과 중에 부정적인 것도 있을까? ······ 99
- 걸림돌 하나: 혐한류와 문화우월주의 ························ 101
- 걸림돌 둘: 선후가 뒤바뀐 경제 제일주의 ···················· 102
- 걸림돌 셋: 장르, 업체, 지역 간 격차와 불균형 ··········· 103
- 걸림돌 넷: 콘텐츠의 획일성 ································· 104
- 성과와 한계의 변증법: '넥스트 한류' 시대를 위하여 ··· 105

Chapter 6. 15년 뒤, 한류는 여전히 세계를 호령하고 있을까? ······ 107
- 미래 한류의 주역, Z세대가 온다! ···························· 108
- 포스트-코로나 시대, 한류는 계속
  힘을 발휘할 수 있을까? ····································· 110
- 국가간 치열한 견제와 경합, 한류의 경쟁우위는
  계속될 것인가? ··· 113

Chapter 7. 넥스트 한류 시대, 당신이 꿈꾸는 한류 정책은? ········119

- 국민의정부(1998~2003) ································ 120
- 참여정부(2003~2008) ································· 121
- 이명박정부(2008~2013) ······························ 122
- 박근혜정부(2013~2017) ······························ 123
- 문재인정부(2017~2022) ······························ 124
- 넥스트 한류 시대, 새로운 전략과 과제 모색의 필요성 ··· 126
- 거버넌스 정책: 글로벌 한류위원회 및 추진단 운영 ······ 127
- 환경 인프라 정책: 국가별 협업기반 한류 연구 촉진 ······ 128
- 투입 인프라 정책: (기획자, 창작자, 연구자)
  글로벌 콘텐츠 아카데미 설립 ······················· 129
- 가치 사슬: 디지털 컨버전스를 위한
  메타버스 생태계 선도 ································ 131
- 진정한 한류, 이제부터가 시작이다! ····················· 133

에필로그: 한류가 대한민국의 국가비전이 될 수 있을까? ············ 135

감사의 글

나를 키운 것도 8할이 바람이었다고 한다면, 그 8할의 바람 대부분은 아마도 부모님께서 불어주신 것일 게다. 안타깝게도 올 봄 코로나로 인해 나의 아버지 정지영 장로께서 하늘나라로 떠나셨다. 어떠한 삶의 역경과 굴곡 앞에서도 언제나 넉넉하고, 언제나 온유할 수 있음을, 언제나 자신보다 이웃을 먼저 생각할 수 있음을 온 몸으로 보여주셨던 분, 사랑하는 나의 아버지께 이 책을 바친다.

나를 문화정책의 세계로 인도해주셨던 서울대학교 김문환 교수님과 꼼꼼히 박사논문을 퇴고해주시고 논문심사 전략까지 제안해주셨던 글래스고대학교 슐레징어 교수님이 떠오른다. 두 분 지도교수께서 가르쳐주신 것들이 무척 많다. 지난 십년 간 메타기획컨설팅, 한국문화관광연구원, 상지대학교의 여러 동료들이 직접적으로 또 간접적으로 나에게 전수해준 지식과 기술과 태도들이 책의 구석구석에 배어있음도 고백해야 한다.

이 책의 주요 내용들은 기존에 여러 지면에 실렸던 것들을 수정·보완한 것이다. 필자의 글래스고대학 박사논문을 포함하여, 〈문화정책 논총〉과 〈인간 연구〉 등의 학술지, 한국문화관광연구원의 〈문화돋보기〉와 경제인문사회연구회의 〈NRC 2021 세계전략연구회〉 등 정책 보고서에 실린 글들이 바로 그것들이다. 단행본 발간 작업 과정에서 흔쾌히 기존 저작물의 활용을 승인해준 기관과 학회들에 감사드린다. 책을 준비할 수 있도록 북돋아 주신 상지대학교 문화콘텐츠학과의 홍성태 교수님과 최보연 교수님, 마지막으로 책을 출간할 수 있도록 이끌어주신 진인진의 김태진 대표님께 깊은 감사의 말씀을 전한다.

프롤로그: 지난 15년간 무슨 일이 있었던 것일까?

때는 바야흐로 2008년! 필자가 영국 글래스고 대학에서 한국의 문화산업 정책과 영국의 창조산업 정책을 비교하는 박사논문을 쓰고 있을 때였다. 필립 슐레징어 교수와 질리언 도일 교수와의 면담을 마친 어느 날, 그들은 한 일본 학자가 보내주었다는 '한류'(Korean Wave) 주제의 책을 나에게 보여주었다. 배용준과 최지우가 표지를 차지하고 있는 그 책을 두 손에 들고, 슐레징어 교수는 일본과 중국에서 '한류'에 관심을 가진 학자들이 점점 늘어나고 있다는 점을 무척이나 흥미로워했다.

1960-70년대부터 당시까지 반세기 가까이 영국 문화정책 연구 현장에서 명망이 높았던 나의 지도교수께서는, 당시 두 명의 한국인 박사과정생을 지도하고 계셨음에도 불구하고, 한국 드라마나 K-Pop에 대해서는 거의 알고 있지 못했다. 그에게 '한류'는 아시아의 강대국, 일본과 중국에 대한 관심을 경유

하여 만나게 되는 부차적인 문화현상이었다.

   15년이 흘렀다. 한국영화를 주제로 박사논문을 썼던 나의 영국인 친구는 얼마 전 이렇게 이메일을 보냈다. "친구야, 최근에 대학에 교수로 임용되었어. 신규 채용이 얼어붙은 상황인데, 정말 운이 좋았다. 다 BTS하고 〈기생충〉 덕분이지!" 2008년에서 2022년 사이, 한류는 중국과 동남아의 경계를 넘어 뻗어나갔고 솟아오르기 시작했다. 일본에서 자신감을 획득한 한류는 중동, 동유럽, 남미를 거쳐 이제는 북미와 서유럽에 이르기까지 강력한 팬덤(fandom)을 구축하고 있다. 외교부의 조사에 따르면, 2021년 한류 동호회에 가입한 한류팬은 1억 명을 넘어섰다. 더 중요한 것은 2022년 조사에서 한류팬의 숫자가 1억 5천만 명을 상회하게 되었다는 사실이다.[1] 조사가 처음 시작된 2012년을 기준으로 하면 17배가 늘어난 숫자라고 하니, 가히 놀랄만한 확산세가 아닐 수 없다.

---

1 2021년과 2022년의 한류 동호회 및 한류 팬 숫자에 대한 구체적인 정보는 한국국제교류재단 (2021) 『2020 지구촌 한류현황』과 한국국제교류재단(2022) 『2021 지구촌 한류현황』을 참조하면 된다.

낙관과 비관 사이, 근거와 비결을 찾아서

BTS의 빌보드 석권, 〈기생충〉의 아카데미상 4관왕, 〈오징어게임〉의 에미상 6관왕 등 한류의 눈부신 성취는 '아시아 최초' 또는 '비영어권 최초' 등의 수식어와 함께 전 세계의 이목을 끌어당긴다. 또한 한류가 전 세계에서 떨치고 있는 위용과 매년 가파르게 확인되는 성장세는 우리 민족이 그 전에는 한 번도 경험해보지 못한 '현상'에 대해 조심스러운 낙관을 갖게 만든다. 유튜브에서 상당한 구독자들을 보유하고 있는 소위 '국뽕 채널'들도 전 세계의 뉴스와 방송 클립을 실시간으로 전해주면서, 우리의 낙관에 힘을 실어준다.[2] '고려청자'와 '거북선'을 넘어서 세계인들에게 제공할 수 있는 자랑할 만한 선물들을 한가득 보유하게 된 것, 실로 기쁘고 가슴 벅찬 일이 아닐 수 없다.

주목할 것은 이러한 낙관은 그간 국내 학계에서는 거의 찾아보기 어려운 것이었다는 점이다. 많은 학자들이 한류 콘텐츠

---

2 물론 가짜 뉴스와 가짜 영상 짜깁기를 통해서 사람들을 호도하고 자극하여 구독자를 늘리려는 일부 채널도 없지는 않다. 하지만 일부 몰지각한 가짜 정보 채널들에 대해서는 네티즌 수사대 등 구독자들의 자정작용이 진행되고 있기 때문에, 크게 걱정할 필요는 없을 것으로 보인다.

의 다양성 부족이나 일시적인 수요 팽창 등을 이유로 언제라도 쉽게 사그라질 현상이라고 비판했다. 2000년대 초반, 2010년대 초반, 그리고 2020년대 초반의 논문에서도 이러한 우려는 어렵지 않게 발견된다. 하지만 필자는 약간 다른 생각을 가지고 있다. 영국에서 공부하는 동안 세미나와 포럼 등을 통해서 만난 친구들에게 필자는 다음과 같이 얘기하곤 했다.

"응, 아냐. 걱정하지도 마셔. 나랑 내기 하자. 한류는 한 세대는 너끈히 갈 거야. 한류는 '경제'와 '정치'에서 다져진 한국 사회 역량이 '문화'에서 터진 것이거든. 일본이나 중국이 쉽게 모방할 수 없는 창조적 경쟁우위가 있다고!"

위의 발언은 이 책의 주제를 담고 있다. 낙관과 비관 사이에서 우리의 중심을 잡아줄 근거를 발굴하고 실타래를 하나하나 풀어가면서, 우리는 한류의 정의와 발전 단계, 영향력의 기원과 메커니즘, 그것이 우리에게 제공하는 가치와 미래 전망 등을 꼼꼼히 살펴보고자 한다. 이를 통해 독자들은 한류의 역사와 현재, 그리고 미래에 대한 자신의 관점을 분명하게 정립하실 수 있을 것이다.

신개발주의 문화정책과 한류의 경쟁우위

이 책의 또 다른 미덕은 한류와 정책의 관계에 대해 설득력 있는 관점을 제공한다는 것이다(Chung, 2019). 필자의 전공이 문화정책이니만큼, '신개발주의(neo-developmental) 문화정책'이 어떻게 한류를 가능하게 했으며, 어떠한 과정을 통해서 정책과 현장의 시너지가 이루어졌는지를 자세하게 설명할 것이다. 앞서 언급한 일본과 중국의 문화정책과 구분되는 한국의 독특한 문화정책이 '한류'라는 새로운 현상의 모태가 되었음을 알게 되는 순간, 우리는 한류가 '인위적인 국책'을 통해 엄청난 세금을 쏟아 부어 만들어낸 일시적 현상일 뿐이라는 일본과 중국의 극우 비평가들을 제압할 수 있는 무기를 얻게 된다. 김구 선생이 꿈꾸었던 문화국가의 비전을 현실적인 정책적 실행방안을 통해 구현하고자 한다면, 한류야말로 이러한 시도와 도전을 위한 최적의 출발점이라고 할 수 있다.

물론 지금까지의 한류 확산 과정에서 '한류정책'은 일종의 압축적 산업화 전략의 일환으로 받아들여져 왔다. 다시 말해서, 한류는 선진국들의 문화적 영향력이 팽배한 가운데 우리 문화의 역량을 강화하고 이를 바탕으로 문화적 영향력의 거점 확보 및 확산을 추구하는 수출주도 성장(Export-Oriented Industrialization)의 또 다른 버전으로 이해되어온 측면이 강했다.

민주적 거버넌스와 추격자 전략을 결합한 신개발주의 정책을 통해 시작되었으면서도, 개발주의적 강세가 훨씬 더 강하게 유지되었다는 말이다. 바로 여기에서 미래의 정책 과제가 도출된다.

선진국 시대, 전혀 새로운 한류 정책을 꿈꾸며

2021년 7월 2일, 그 해의 가장 큰 뉴스가 보도되었다. '제68차 유엔무역개발회의(UNCTAD) 무역개발이사회 폐막 세션에서 대한민국의 '그룹 에이(A)'(아시아·아프리카)에서 '그룹 비(B)'(선진국)로의 지위 변경이 만장일치로 가결된 것이다. 외교부에 따르면, 이는 유엔무역개발회의 57년 역사상 처음 있는 선진국으로의 지위 변동이었으며, "세계 10위 경제규모, 피포지(P4G·서울 녹색미래) 정상회의 개최, 주요 7개국(G7) 정상회의 참석 등 국제무대에서 우리나라의 높아진 위상"을 반영하는 것으로, 선진국과 개도국 모두에게 인정을 받으면서 우리나라가 "두 그룹 사이의 가교 역할이 가능한 성공 사례"라는 것을 천명한 사건이었다.[3]

---

3 한겨레 (2021.07.04.) UNCTAD, 한국 지위 '개도국 → 선진국' 변경…57년 역사상 처음

따라서 1990년대 후반부터 지난 20여년에 걸친 한류의 변천사를 점검하고, 한류의 세계적 영향력 확대의 메커니즘과 성공요인을 분석하며, 이를 기반으로 선진국과 개도국의 가교 역할을 포함하여 국제 사회를 이끄는 문화강국의 위상을 새롭게 그려보는 것은 단순히 국내적인 차원이 아니라 국제적인 요청을 받는 과제라 할 수 있다. 보다 호혜적이고, 다층적이며, 적극적인 한류 전략과 방안 모색이 적극적으로 요구되는 시점인 것이다.

이를 위해서 이 책은 다음과 같은 여섯 가지 질문에 순차적으로 답하고자 한다. 1장 '무엇을 일컬어 '한류'라 하는가?'에서는 개념과 정의에 관한 이슈들을 살펴본다. 2장 '한류는 어떻게 전 세계로 뻗어나갔을까?'에서는 한류가 태동하고 성장해온 확산의 역사를 단계적으로 구분해보고자 한다. 시기 구분은 언제나 힘이 세기 때문이다. 3장 '정부가 한 것은 아무것도 없다고?'에서는 흔히 해외 언론들에서 또는 국내 학자들이 정부 정책과 관련하여 피상적으로 제시하는 관점과 의견을 바로잡고, 한류 현상에서 정부의 역할에 대한 명확한 인과관계를 밝혀보고자 한다. 4장 '한류, 왜 그토록 강력한가?'는 한류가

---

https://www.hani.co.kr/arti/politics/diplomacy/1002004.html#csidx4121c55877d72f18229eb2797805273

국제적인 영향력을 발휘할 수 있었던 이유와 메커니즘을 한층 더 세부적으로 분석해본다. 5장 '한류는 대한민국에 무엇을 제공하는가?'에서는 한류의 문화적, 경제적, 정치적 가치와 파급효과에 대해 체계적으로 살펴볼 것이고, 마지막으로 6장 '15년 뒤, 한류는 여전히 세계를 호령하고 있을까?'에서는 한류의 미래 전망 및 이에 대응하기 위한 과제에 대해서 점검해보고자 한다.

자, 준비들 되셨는가? 이제 벅차고 신나는 한류 여행을 함께 떠나볼 시간이다.

· · · · ·

Chapter 1. 무엇을 일컬어 '한류'라 하는가?

우리 여행의 첫 번째 정박지는 개념(concept) 또는 정의(definition)에 관한 것이다. 존재하는 모든 '사물', 즉 사건과 물건에 대한 정의는 두 가지 차원으로 구분해볼 수 있다. 사물이 어떠어떠한 바에 대한 기술적(記述的) 정의가 있고, 그러한 기술을 넘어서 해당 사물의 가치나 위상, 역할에 대한 평가적(評價的) 정의가 있다. 가령 '예술'이라는 말은 시, 음악, 무용, 회화, 조각, 건축 등의 장르를 아우르는 모방적, 표현적, 형식적 실천을 그 기술적 정의로 갖고 있지만, 나아가서는 '우리 엄마 제육볶음은 예술이야!'와 같이 직관적인 평가적 정의를 보유하고 있기도 하다. 개념 또는 정의에 관해 언급해 두어야할 또 다른 쟁점은 그것들이 시간에 따라 변한다는 사실이다. '이데아'와 같이 불변하는 본질에 집착하는 것은 오늘날 그다지 설득력이 없다. 이번 챕터의 제목을 '한류란 무엇인가?' 대신에 '무엇을 일컬어 '한류'라 하는가?'로 정한 것도 바로 이런 이유 때문이다. 변하지 않는 한류의 본질 같은 것은 없을 가능성이 높다. 존재하는 모든 사물에 대한 정의가 작업가설적 정의(working definition)라고 해도, 크게 슬퍼할 사람은 별로 없다는 말이다. 이제 한류의 개념과 정의에 대해 본격적으로 생각해볼 준비가 되었다.

2021년 '옥스퍼드 사전'에 공식 등재된 한류(hallyu)

세계인들이 가장 많이 사용하는 언어는 단연 영어라고 할 수 있다. 모국어는 물론이고 제2외국어로서 영어는 타의 추종을 불허하는 상용어로 자리 잡은 지 오래이다. 그렇다면, 영어의 공식적인 단어와 문법 등에 대해 가장 권위 있는 목소리를 가진 집단은 어디일까? 영어의 본산지인 잉글랜드를 대표하는 옥스퍼드 사전(Oxford English Dictionary)이 1884년 이래 이 역할을 수행해 왔다. 영국의 권위 있는 일간지 〈가디언〉에 따르면, 옥스퍼드 영어사전은 최근 한국어 단어 26개를 공식적인 영어 단어로 추가했다.[4]

---

[4] The Guardian (2021.10.05.) K-beauty, hallyu and mukbang: dozens of Korean words added to Oxford English Dic-

애교, 먹방, 대박, 오빠, K-Drama, 스킨십, 한류 등이 새로이 '영어 단어'로 이름을 올린 한국어들이다. 몇 가지 주목할 점을 찾아보자. 1976년 '김치'라는 단어가 등재된 이후 2021년 '먹방'이 한국에서 온 공식 외래어로 옥스퍼드 사전에 등재되었다. 2016년에 등재된 K-Pop의 뒤를 이어 5년 뒤에는 K-Drama도 이름을 올리게 되었다. 〈가디언〉이 상당히 흥미롭게 보도하고 있는 것은 '스킨십'과 '파이팅' 등 콩글리쉬로 알려진 단어들도 이제 옥스퍼드 영어 사전에 공식적인 영어 단어로 등재되었다는 사실이다. 한국인들이 어떤 문맥에서 이런 단어들을 사용하는지 영국의 학자들이 고심하여 설명하고 있는 점이 무척 재미있다.

우리가 특별히 주목할 것은 Korean Wave라는 단어가 이미 등재되어 있었음에도 옥스퍼드 영어사전이 Hallyu라는 본토 한국어를 새롭게 등재했다는 점이다. 왜 일까? 왜 옥스퍼드의 학자들은 Hallyu를 새로운 단어로서 등재해야만 했을까?

---

tionary

> - Korean wave: the rise of international interest in South Korea and its popular culture which took place in the late 20th and 21st centuries, esp. as represented by the global success of Korean music, film, television, fashion, and food.
> - Hallyu: The increase in international interest in South Korea and its popular culture, esp. as represented by the global success of South Korean music, film, television, fashion, and food. Also: South Korean popular culture and entertainment itself. Frequently as a modifier, as in hallyu craze, hallyu fan, hallyu star, etc.

위의 정의들을 비교하면 알 수 있듯이, 옥스포드 영어사전의 Hallyu 정의에는 Korean Wave 정의에서 두드러졌던 "20세기 후반부터 21세기에 걸쳐 발생한"이라는 시기에 관한 설명이 빠졌다. 이제 한류는 일시적인 것이 아니라, 앞으로의 지속가능성을 검증받은 현상이 되었다는 의미로 읽힌다. "한국 및 한국 대중문화에 대한 국제적인 관심의 증가"라는 내용과 "한국 음악과 영화, 텔레비전, 패션, 음식의 전지구적 성공"이라는 설명은 그대로 유지되고 있다. 새롭게 추가된 내용은 "한류"라는 단어의 확장성이다. "수식어"(modifier)로서 이 단어가 얼마나 많이 쓰이고 있는지에 대한 예시가 사전에 추가된 것이다. 한류 스타, 한류 팬 등 수식어로서의 활용 가능성을 영어 사용자들이 인지할 필요가 있다는 판단이다.

1990년대 후반 중국 또는 대만에서 처음 등장한 한류 개념

자, 이제 한류라는 개념을 세계인들 대다수가 일상적으로 사용할 수 있는 시대가 열렸다는 사실을 알게 되었다. 다음으로 살펴볼 것은 한류라는 개념이 처음에 어떻게 세상에 등장했는가 하는 점이다. 물론 '기원'(origin)이 '본질'(essence)은 아니다. 특히 문화적 현상은 시간의 흐름 속에서 새로운 세대와 새로운 환경이 주는 다양한 노선에 적응하고 대응하면서, 엄청나게 확산되기도 하고 심지어는 완벽하게 소멸되기도 한다. 하지만 '무엇을 일컬어 한류라 부르는가?'라는 질문에 답하기 위해서는 처음 이 단어를 만들어 낸 사람들의 관심도 주목해볼 필요가 있다.

이를 위해서 "한류의 어원 바로 잡기"라는 야심찬 목표를 가진 한 논문에 주목해보고자 한다. 장규수(2011)는 한류의 어법이 일본에서 나온 것이며, 일본인들이 1980년대 홍콩영화의 유행을 '홍콩류'라고 불렀고 1990년대 일본 TV드라마, 애니메이션, 게임 등의 유행을 스스로 '일류(日流)'라 칭했던 것이 한국 대중문화에 적용된 것이라고 분석한다. 재미있는 것은 일본식 어법을 가지고 한국 문화의 흐름을 '한류'라고 처음 부른 사람들이 바로 중국인들이었다는 점이다. 그가 주목하는 결정적인 계기는 1996년부터 중국내 10개 주요 도시지역을 중심으로 한국 음악을 소개하는 〈한성음악청(漢城音樂廳)〉이란 라디오 프로그램이 시작되었다는 사실, 그리고 이를 바탕으로 1999년 가을 우리나라 문화부가 한국의 인기가요들로 제작한 〈韓流-Song from Korea〉라는 음반 6천장을 중국어로 제작하여 홍보 목적으로 중화권에 배포하였다는 사실이다.

이러한 현상을 중심에 두고 최초에 누가 어떻게 '한류'라는 말을 사용한 것인지에 대한 논쟁이 이루어져왔다. 한국문화관광연구원의 채지영 박사팀에 따르면, 1999년 11월 〈북경청년보〉에서 중국의 청년들이 한국의 유행가나 텔레비전연속극·영화·옷차림 등에 매혹되고 있는 사회현상을 '한류'라 표현한 것, 〈인민일보〉에서 '한류가 뜨겁게 흐르기 시작한 후 벌써 7년이라는 긴 세월이 흘렀다는 사실은 중국의 치욕'이라면서 경계할 현상으로 간주한 것, 2000년 2월 다시 〈북경청년보〉에서 H.O.T.의 중국 공연을 '한류가 중국을 강타했다'고 보도하면서 중국 청소년들 사이에서 확산 중인 '한국 문화의 유행'을 지적한 것을 최초라고 보는 것이 타당하다(채지영 외, 2021). 일부 이견이 없는 바는 아니지만,[5] 대부분의 연구자들 역시 이러한 관점에 동의하고 있다.

대한민국 학자들의 '한류' 정의 톺아보기

자, 이제 1990년대 후반 중화권에서 처음 등장한 한류 개념이 2021년 옥스퍼드 영어사전에 공식적으로 자리를 잡았다는 사실을 알게 되었다. 그렇다면, 국내에서는 한류의 개념 및 정의에 대해 어떤 논의가 이루어져 왔을까? 음반 발매 사건에서도 알 수 있듯이, 우리나라 문화부는 아직 '문화콘텐츠'라는 말이 쓰이기도 전, '한국콘텐츠진흥원'이 설립되기도 전이었던 1999년 말, 중화권의 표현을 받아들이면서 처음으로 한류라는 용어를 사용하고 한류 정책에 대해 고민하기 시작했다.

이후 국내외의 많은 연구자들이 한류를 정의하기 위한 다양한 시도를 전개해왔다. 초기 한류의 개념 정의 시도 중 가장 단순한 것은 이동기, 최진아(2006)의 "한국문화와 한류스타들에

---

[5] '한류'의 기원을 1998년 12월 17일 대만 〈연합만보(聯合晚報)〉 또는 1997년 12월12일 대만 〈중국시보(中國時報)〉로 보는 것이 타당하다고 주장하는 학자들도 존재한다. (cf. 채지영 외, 2021).

대한 현지의 관심"이라는 표현을 꼽을 수 있으며, 이는 김정수(2002), 허진(2002), 서은숙(2009) 등의 정의와 일맥상통한다.

하지만 주로 "대중문화"라는 분야와 "동아시아"라는 지역에 국한되어 있었던 한류 개념은 2010년대 이후 훨씬 더 적극적이고 복합적인 문화현상으로 진화하기 시작했으며, 이에 따라 보다 복합적인 한류 정의가 등장하기 시작한다. 이 시기 연구자들의 주목할 만한 개념 정의 시도를 몇 개만 꼽자면, 다음과 같다.

· 안창현(2010): 한국 정부의 적극적인 문화산업 지원 정책을 바탕으로 음악, 드라마, 영화, 게임 등 다양한 장르의 한국 문화콘텐츠들의 동시다발적 해외 진출

· 송정은, 장원호(2012): 한국이 일본, 미국, 그리고 최근에는 유럽의 문화까지 흡수해서 만들어낸 세계인 하이브리드(Hybrid) 문화상품

· 심두보(2013): 한국 대중문화의 초국가적인 이동·유통과 한국 대중문화에 대한 외국 수용자들의 팬덤이라는 두 층위로 구성된 문화현상

· 윤여광(2019): 한국의 대중문화뿐만 아니라 한국에 관련된 것들이 다른 나라 사람들의 기호에 맞게 상품으로 만들어져 대중적 인기를 얻는 현상

이처럼 '한류'에 대한 개념 정의는 매우 다각적인 관점에서 이루어져 왔으며, 연구자 개개인의 관심과 지향에 따라 다소간 상이한 방향성을 보인다. 하지만 기존 정의들은 공통의 내용적인 범주를 가지고 있기도 하다. 표 1에서 확인할 수 있듯이, 한류에 대한 정의들은 **1.** 한국의 대중문화가 **2.** 해외에서 인기를 얻어 **3.** 팬덤을 통해 유행하는 현상이라는 내용을 중요하게 취급하고 있으며, 연구자의 관점에 따라 **4.** 동 현상에 대한 특정한 이유를 서술하는 방식으로 제시되고 있다.

표 1 **'한류'에 관한 기존 정의들의 주요 범주 및 내용**

범주	내용
1) 주체	한국 대중문화(한국에 관련된 것들로 확장)
2) 핵심	해외에서 인기 획득(아시아에서 시작하여 유럽과 북미로 확대)
3) 과정	대중적 기반으로서 팬덤을 형성하여 지속성을 발휘
4) 이유	정부 정책, 하이브리드 상품, 팬덤을 통한 초국적 유통, 세계인들의 기호에 소구 하는 등 다양한 요인

한류에 대한 종합적인 정의의 모색

이처럼 현상의 주체, 핵심, 과정, 이유에 대한 다각적인 관점과 의견을 담고 있는 기존의 정의들을 보다 종합적이고 총괄적인 관점으로 종합해볼 수는 없을까? 이러한 문제의식을 바탕으로 한국문화관광연구원의 최근 보고서는 다음과 같이 한류의 정의를 제안하였다.

"한국 콘텐츠나 상품(특히 핵심 한류 콘텐츠)을 해외 소비자들이 자발적으로 '선호'하고 '소비'하고 '구매'하는 소비 행동으로, 일시적인 행동이 아니라 한 사회에서 '인기'나 '유행'과 같은 지속적으로 나타나는 사회현상"(채지영 외, 2020).

이 정의는 그간의 정의들보다 추상수준이 높으며, 현상에 대한 보다 객관적인 기술과 해석을 제시하고자 한다는 점에서 차별성이 있다. 하지만 위의 정의는 일종의 소비자학적 관점에 가까우며, 따라서 특정 국가에 기원을 두고 있는 소비재들의 국제적 경쟁력을 서술하는 방식과 크게 다르지 않기 때문에 21세기 들어 두드러진, 국제적인 '문화'현상에 대한 정의로는 부족하다는 평가도 가능하다.

이러한 맥락에서 우리는 현상이 발생한 시간과 공간을 구체적으로 포함하고, 현상의 주체와 핵심, 과정 등을 종합적으로 고려함으로써, 다음과 같이 '한류'에 대한 새로운 작업가설적 정의를 대안적으로 모색해볼 수 있다.

> · 한류(Korean Wave)란 21세기 들어/ 대중문화를 필두로 한 한국 문화가 / 아시아에서부터 북미와 서유럽에 이르기까지 유행을 하면서 / 글로벌 팬덤을 형성하여 지속적인 인기와 영향력을 발휘하는 사회현상을 말한다.

물론 위의 정의는 기존의 정의들에서 제시하고 있는 여러 가지 '이유'에 대해서는 다루고 있지 않다는 점, 한국 문화의 지속적인 유행이 상품과 역사를 포함한 다양한 측면에 대한 관심의 확대로 이어지고 있음을 드러내지는 않는다는 점에서 나름의 한계도 가지고 있다. 그러나 그 이유와 파급효과가 '현상'에 관한 정의에 반드시 포함될 필요는 없으며, 그러한 내용은 '정의'의 영역을 넘어서서 훨씬 더 복잡하고 심층적인 고찰이 필요한 주제라고 할 수도 있을 것이다. 만일 그렇다고 한다면, 우리의 새로운 정의는 '한류'라는 현상 자체에 대한 설명, 현상의 다각적인 국면에 대한 설명으로서는 꽤나 쓸만한 것으로 보인다.

Chapter 2. 한류는 어떻게 전 세계로 뻗어나갔을까?

한류(Korean Wave)를 "21세기 들어 / 대중문화를 필두로 한 한국 문화가 / 아시아에서부터 북미와 서유럽에 이르기까지 유행을 하면서 / 글로벌 팬덤을 형성하여 지속적인 인기와 영향력을 발휘하는 사회현상"이라고 정의할 수 있다면, 이러한 현상을 보다 적확하게 이해하기 위해서는 시간과 공간 차원의 발전 과정을 토대로 주체와 메커니즘, 핵심요인과 파급효과, 미래전망 등에 대한 논의가 보다 구체적으로 이루어질 필요가 있다. 이번 챕터에서는 이상과 같은 세부적인 고찰을 위한 토대로서 한류의 발전 및 확산과 관련한 시기 구분을 시도해보고자 한다. '한류의 역사적 발전 단계', 이것이 우리의 두 번째 여행지다.

한류의 발전에 관한 3단계 시기구분

한류의 역사적 발전 단계를 구분하려는 여러 시도들 중 가장 많이 알려져 있는 것은 한국문화산업교류재단의 3단계 구분 방식으로, 기간, 주요 분야, 주요 지역을 중심 범주로 역사적 시기를 구분하고 있다.

표 2 한류의 발전 단계: 3단계 구분

구분	한류1기	한류2기	한류3기
키워드	한류 생성	한류 심화	한류 다양화
기간	1997년~ 2000년대 초	2000년대 초~ 중반	2000년대 중반 이후
주요 분야	드라마, 음악	드라마, 음악, 영화, 게임	드라마, 음악, 영화, 게임, 만화, 캐릭터, 한식, 한글
주요 지역	중국, 대만, 베트남	중국, 일본, 대만, 동남아시아	중국, 일본, 대만, 동남아시아, 중앙아시아, 아프리카, 미국
대표 콘텐츠	사랑이 뭐길래, HOT	겨울연가, 대장금	아이돌 가수 K-Pop

위와 같은 3단계 구분 방식은 최근까지도 많이 활용되고 있는바, 가령 제혜금(2018)은 약 10년 뒤의 시기 구분임에도 한

류의 발전단계 및 진행 과정을 '생성-심화-다양화' 프레임을 변용한 '형성-확대-다양화' 프레임으로 거의 그대로 가져와서 적용하고 있다. 또한 발전 단계 구분을 시기, 주요 분야, 주요 지역이라는 3개 기준으로 살피고 있는 것도 마찬가지로서, 해외에서 엄청난 반향을 일으킨 대표 콘텐츠 출현 시점을 기준으로 '시기'를 구분하고, 인기와 유행을 이끈 콘텐츠산업 내 '주요 분야'의 변동과 함께 강력한 팬덤의 구축이 일어나는 '주요 지역'의 확산을 기준으로 각 시기를 비교하고 있다.

하지만 문제는 2000년대 후반, 당시 약 10년이라는 짧은 한류의 역사를 단계적으로 설명하기 위해 도입된 '3단계-3기준 프레임'은 그 이후의 역동적인 변화, 복합적인 확산의 과정을 담아낼 수는 없었다. 따라서 그로부터 한 번 더, 10년의 시간이 흐른 뒤에는 보다 복잡한 시기 구분이 제시된다. '4단계-4기준 프레임'이 등장한 것인데, 사실 이는 혁신(革新)이라기보다는 전화(轉化)에 가까운 변화라고 할 수 있다.

한류의 역사에 관한 4단계 시기 구분

표 3은 대한민국 문화체육관광부가 2010년대를 돌아보고 2020년대를 내다보며 제시한 시기구분 프레임이다. 위의 4단계 구

표 3 한류의 발전 단계: 4단계 구분(1)

단계	한류 1.0	한류 2.0	한류 3.0	신한류 (K-culture)
기간	1997년~ 2000년대 중반	2000년대 중반~ 2010년대 초반	2010년대 초반~ 2019년	2020년~
특징	한류의 태동 영상콘텐츠 중심	한류의 확산 아이돌 스타 중심	한류의 세계화 세계적 스타상품 등장	한류의 다양화, 세계화 (온라인 소통)
핵심 분야	드라마	대중음악	대중문화	한국문화+ 연관산업
대상 국가	아시아	아시아, 중남미, 중동, 구미주 일부 등	전 세계	전 세계 (전략적 확산)
소비자	소수 마니아	10대~20대	세계시민	세계시민 (맞춤형 접근)

분법에 따르면, 한류는 아시아를 중심으로 드라마 분야가 이끌었던 1기(1997-2000년대 중반), 아시아에서 중남미, 중동, 구미주 일부 등으로 확산되면서 대중음악이 두드러진 역할을 했던 2기(2000년대 중반-2010년대 초반), 드라마와 대중음악을 넘어서 대중문화 전반에서 전 세계를 대상으로 영향력을 발휘했던 3기(2010년대 초반-2019), 그리고 2020년 이후 기존 한계를 뛰어넘어 전방위적으로 확산되는 신한류 시기로 구분할 수 있다.

물론 2010년대 중반부터 문화체육관광부가 "신한류"개념을 써왔지만, 2020년 현재 해당 개념은 전 세계를 대상으로 하되 "전략적 확산"을 추진한다는 점, 대중문화는 물론 "한국문화" 전체와 "연관산업"까지 핵심 분야로서 활약한다는 점, 그리고 팬데믹을 통한 과거와의 단절을 또 다른 계기로 삼고 있다는 점에서 새로운 패러다임에 대한 지향을 담고 있다고 볼 수 있다(문체부, 2020a).

한편 아래의 표에서 볼 수 있듯이, 한국문화관광연구원의 연구에서도 마찬가지로 2010년대를 포함하여 역사적 단계 구분을 위해 4단계 프레임을 제시하고 있다.

하지만 이는 앞서 다룬 문체부(2020a)의 구분과 미묘한 차이를 보이는데, **1.** '시기'를 '초반'이나 '중반'이 아닌 구체적인 연도로 명시하고, **2.** '지역'에서 2단계를 일본시장 진출에 초점을 맞추고 있고, **3.** '분야'면에서 대중문화/문화산업/콘텐츠산업에 국한하여 시기구분을 하고 있다는 차별성을 갖는다. 그러나 양자는 모두 2017년 이후 4단계에서는 한류의 "전 세계" 확산이 이루어졌다는 점에 동의하고 있으며, 이러한 세계적 확산에서 "온라인 소통" 및 "글로벌 플랫폼"의 역할이 결정적이었음을 강조하고 있다.

표 4 한류의 발전 단계: 4단계 구분(2)

구분		1단계	2단계	3단계	4단계
연도		~2003년	2004~2009년	2010~2016년	2017년 이후
콘텐츠 확산	지역	중국 및 동남아시아	일본, 중국 및 동남아시아	일본 중심, 유럽 등	전 세계
	장르	K-Pop (1세대 아이돌 등), 드라마)	드라마 중심 한류 및 드라마 OST	K-Pop (2세대 아이돌, 싸이)	K-Pop (BTS), 드라마
구분 기준		일부 아시아 국가에서 한국문화 상품에 대한 선호와 유행	일본시장 진출로 본격적인 경제적 성과가 창출	일본 및 아시아에서의 K-Pop 붐. 유튜브를 매개로 아시아를 넘어 유럽 등 매니아 시장 형성. 싸이를 통한 세계 시장 가능성 확인	세계 시장으로 확산하며 경제적 효과를 창출. 넷플릭스 등 글로벌 플랫폼을 통한 콘텐츠의 세계적 확산

한류의 혁신에 관한 5단계 시기구분

채지영 외(2020)의 현상 기술과 문체부(2020a)의 가치 지향을 종합하여, 우리는 한류의 4단계 구분을 넘어서 아래와 같은 5단계 시기구분을 시도할 수 있다.

마지막 5단계는 이미 '도래하였지만' 아직 '도래하지 않은'

표 5 한류의 발전 단계: 5단계 구분

구분	1단계	2단계	3단계	4단계	5단계
개시년도	1997	2003	2010	2017	2022~
팬덤 지역	중국, 동남아	일본, 중동, 남미 확산	북미와 유럽 진입	글로벌 팬덤 구축	글로벌 팬덤 심화
주도 분야	드라마 K-Pop	드라마, 영화	K-Pop	K-Pop, 드라마, 영화	한국 문화와 연관산업
대표 콘텐츠	사랑이 뭐길래	겨울연가	도깨비, 별그대	사랑의 불시착, 오징어 게임	?
	HOT	보아, 동방신기	빅뱅, 2NE1	BTS, 블랙핑크	?
	엽기적인 그녀	올드보이	부산행	기생충	?
구분 기준	최초 한국 팬덤 형성	최초의 선진국 진출	K-Pop 팬덤 프로슈머화	BTS 빌보드 1위	Beyond-K 시대 진입

Chapter 2. 한류는 어떻게 전 세계로 뻗어나갔을까?

단계로, 기존 네 단계와는 차별적인 패러다임의 한류 현상이 발현하고 있으며, 따라서 차별적인 패러다임의 한류 정책이 요구되고 있음을 함축하고 있다. 다시 말해서, '글로벌 팬덤 심화' 현상과 '한국문화와 연관산업'의 인기와 유행 등은 이미 상당한 세(勢)를 이루며 진행되고 있으나, 기존의 성공과는 차별적인 지향을 담은 대표 콘텐츠는 아직 나오지 않은 상황이라고 할 수 있다. 필자는 이 단계를 '넥스트 한류 시대', 또는 'Beyond-K 시대'라고 지칭할 수 있을 것으로 판단한다.

구분 기준이 중요한바, 1단계에서 4단계까지가 결정적인 대표 콘텐츠의 출현과 함께 특정 지역으로의 진출과 확산이 거세게 발생했던 현상을 준거로 삼고 있다면, 이제 5단계 한류의 대표콘텐츠는 그와 같은 지역의 확대나 양적인 성장을 준거로 삼을 필요가 없다. 2021년 하반기, 대한민국의 선진국 진입 이후 새롭게 시작된 넥스트 한류 시대에는 특정 장르가 특정 지역에서 성공을 거두는 것이 과거만큼 중요하지 않다.

Beyond-K 시대에는 전 세계 시민들이 공감하고 사랑하는 한국의 문화산업/문화예술/전통문화/연관산업이 서로 어우러지면서 영향력을 발휘하는 한류가 대세를 차지하게 될 것이다. 그리고 이는 단순히 우리의 '국가브랜드 상승'이나 '소프트 파워 제고'에 초점을 맞추는 것이 아니라, '인류애적인 지향과 나눔'을 널리 확산하고 실현하는 홍익인간의 가치를 목표로 삼는다는 점에서 훨씬 더 성숙한 단계의 한류라고 할 수 있을 것이다.

Chapter 3. 바보야, 정부가 한 것은 아무것도 없다고?

1960년대 초반 일인당 국민소득이 백 달러에도 미치지 못하던 한국이 2006년 국민소득 이만 달러를 돌파하고, 2018년 국민소득 삼만 달러를 달성할 수 있었던 데에는 '개발국가(developmental state) 모델'이 결정적인 역할을 했다. 소위 한강의 기적으로 불리는 이러한 경제적·산업적 성과에서 정부의 역할에 대해 부인하는 이는 아무도 없을 것이다. 물론 우리 국민의 뛰어난 역량과 수십 년에 걸친 피땀 어린 노력이야말로 가장 중요한 요인이라고 할 수 있겠지만, 이 과정에서 대한민국 정부의 전략적 판단과 실천이 매우 중요한 동력이 되었다는 데에는 이론이 없는 것이다. 그렇다면, 한류는 어떨까? '한류의 기적'은 문화적 현상이기 때문에 주로 경제적 현상이라고 할 수 있는 '한강의 기적'과는 전혀 다른 설명이 요구되는 것일까?

우연과 필연 사이, 한류에 불을 지핀 대한민국 정부

어떤 학자들은 한류가 '우연히' 발생한 사건이었다고 말한다. 물론 중화권 젊은이들이 한국 대중문화에 주목하게 된 여러 가지 요소들이 있었겠지만, 정부도 기업도 전혀 예상하지 못했던 놀라운 현상이 갑자기 발생한 것이기 때문에, 대한민국 정부가 '한류'에 대한 지분을 주장하는 것은 전혀 바람직하지 못한 '숟가락 얹기'라는 관점이다. 필자는 이러한 주장이 현상의 표면만을 바라볼 뿐 그 심층을 이해하지 못한 설익은 관점임을 강력하게 논구하고자 한다.

그렇다고 해서, 가깝고도 먼 나라들인 일본과 중국의 여러 비평가들이 주장하듯이, 한류가 오롯이 정부의 계획으로부터 비롯되어 엄청난 세금을 통해서 인위적으로 부양되어온 현상이라는 주장에도 전혀 찬성할 수 없다. 이는 4차 산업혁명이 추동하고 있는 21세기 글로벌 사회에서는 아예 불가능한 일이기 때문이다. 만일 이것이 가능하다고 한다면, 우리나라보다 몇 배 또는 몇 십 배의 예산을 투입하고 있는 일본과 중국이 글로벌 팬덤으로 무장한 일류(日流)와 중류(中流)를 현란하고 떠들썩하게 일으키지 못할 이유가 없다. 자, 이제부터 한류의 세 번째 여행지로서 정부의 문화정책, 보다 정확하게는 김대중 대통령(DJ)의 '신개발주의 문화정책'이라는 영토를 탐색해보도록 하자.

대한민국 경제성장의 비밀, 개발국가 모델

개발국가(developmental state)라는 개념은 차머스 존슨(1982)이 전후 일본 경제의 급격한 성장을 설명하는 과정에서 일본 국제무역산업부(Ministry of International Trade and Industry)의 역할에 주목하면서 주조해낸 것이다. 이후 이 개념은 한국과 대만 그리고 싱가포르 등 홍콩을 제외한 동아시아 세 마리 용의 산업화 과정에 대한 설명에도 커다란 수정 없이 적용되어 왔다(Amsden, 1989; Wade, 1990; Woo, 1991; Evans, 1995; Woo-Cumings, 1999).

존슨에 따르면, 동아시아의 이 나라들은 이십 세기 중반 이후로 '경제 발전'을 최상위 목표로 삼고 '계획-합리적 국가'(plan-rational state)를 구성하는 데 매진해왔는바, 이는 구소련의 '계획-이데올로기적 국가'(plan-ideological state)와 영미의 '시장-합리적 국가'(market-rational state) 사이에 위치하는 모델이라고 할 수 있다. 즉 동아시아 개발국가 모델은 '사적인 소유와 국가의 견인'을 결합했다는 점에서, '국가사회주의'의 기반 위에서 국가가 소유와 통제를 모두 독점하는 '스탈린주의 국가 모델'과 다를 뿐만 아니라 '자유방임'이라는 대의 아래서 사적 소유에 대한 사적인 통제를 선호하면서 국가는 실질적인 문제들 보다 경쟁의 형식과 과정이 왜곡되지 않도록 감시하는 역할에 만족하는 앵글로색슨식 '조절국가 모델'과도 중요한 차이를 보인다.

로버트 웨이드(1990)의 표현을 빌리자면, 이 모델의 핵심에는 공적인 시스템과 사적인 시스템 사이의 '시너지적 연결'을 생산해내는 '통치 받는 시장'(governed market)이 자리하고 있다. 이 연결을 시너지적이라고 부를 수 있는 이유는 한쪽의 산출물이 다른 한쪽의 투입물이 되기 때문이다. 마치 관료들이 마음껏 경제 주체들을 훈육하고 동원하는 것처럼 보이지만, 역으로 관료들의 특권과 정통성(legitimacy)은 전적으로 경제적 성과, 보다 정확히는 경제 행위자들의 빠른 성장에 의존하고 있다는 것이다. 바로 이러한 이유로 일본과 한국에서는 정부와 재벌 사이의 긴밀한 공모를 통해 '수출 금자탑'을 쌓고 '경제 성장률'을 달성하는 주체로서 개발주의 연대(developmental alliance)가 아주 강고한 형태로 형성 및 발전될 수밖에 없었던 것이다.

이와 같은 공적 영역과 사적 영역 사이의 시너지적 연결 또는 '상호 의존성'이야말로 동아시아 개발국가 모델의 중추(中樞)라고 할 수 있으며, '활발한 시장 경제와 적극적인 국가 개입, 활기 넘치는 수출 진흥과 꼼꼼한 수입 대체, 그리고 외국 자본과 기술을 끌어들이려는 노력과 그것들을 통제하고 규제하는 노력' 등이 한 곳에서 동시에 공존할 수 있는 독특한 토양을 낳았던 것이다 (Chan et al., 1998: 3).

20세기 후반 이후로 동아시아에서 열정적으로 추진된 개발국가 모델은 압축적 근대화/산업화를 이끌면서 매우 탁월한 경제적 성과를 일구어냈다. 예컨대 한국은 1965년부터 1999년까지 연평균 8.1%라는 경제 성장률을 기록하였는바(Akhand & Gupta, 2006: 6), 이처럼 '탁월한'(Amsden, 1989), '인상적인'(Wade, 1990), '극도로 가파른'(World Bank, 1993) 성장은 앞서 언급한 이웃나라들에서도 유사하게 공유되었으며, 이를 통해 '종속 이론과 자유시장에 대한 신고전주의적 접근'이라는, 두 개의 지배적인 경제 이론에 강력한 타격을 입혔다(Castells, 1992: 33).

개발국가 모델의 침식과 1997년의 두 가지 전환점

이와 같은 동아시아 개발국가들은 19세기 중후반, 독일과 미국이 이끌었던 '제2차 산업혁명'(Amsden, 1989: 3)의 결과로서 등장했던 유럽의 민족산업국가(national industrial state)의 변종이었다(Cumings, 1999: 62; Pirie, 2008: 23). 이러한 까닭에 1970년대 두 번의 경제위기 이후 서구 선진국들 사이에서 신자유주의(neo-liberalism)가 널리 확산되자, 개발국가 모델은 선진국에서의 파트너를 잃게 되면서 급격히 흔들리게 된다. 1989년 독일 통일 이후 냉전이 종식되면서, 국제사회 차원에서 위의 동아시아 국가들에게 온정주의적 시혜를 베풀던 반공주의 블록(anti-communist bloc)이 용해되기 시작한 것도 그 쇠락에 결정적인 영향을 미쳤다.

국내적으로는 1987년 6월 항쟁을 통해서 민주화가 빠르게 진척되고 1993년 문민정부가 들어서면서 하나회 척결이나 금융실명제의 도입과 같이 개발국가 시대의 잘못된 관행들이 하나, 둘씩 개혁되기 시작한 것도 나름의 역할을 했다. 더 이상 군부정권과 재벌들 사이의 공모와 결탁을 중심으로 한 개발독재 시대의 '시너지적 공생관계'가 대내외적 저항 없이, 매끄럽게 유지되기는 힘든 시대가 도래한 것이다.[6]

---

[6] 개발국가 모델의 정책적 지향은 국내관계와 국제관계라는 야누스의 얼굴과 그 머리를 구성하는 이데올로기적 입장을 준거로 세 분야로 나누어볼 수 있다. 첫째, 그 머리는 앞서 설명했듯이 시장-합리적 지향과 계획-이데올로기적 지향 사이에서 통치 받는 시장을 구성하고 운용하려는 '계획-합리적 이데올로기'라고 규정할 수 있다. 둘째, 안쪽을 바라보는 야누스의 얼굴은 '권위주의적 기업가주의'라는 개념으로 집약되는데, 이는 압축적 산업화라는 목표 아래서 민족주의적 성장지향 우선순위들을 국가와 재벌 간의 공모에 기반하여 추구하는 것으로, 다른 한편으로는 노동자들과 정치적

이처럼 1980년대부터 내외적으로 흔들리기 시작한 한국의 개발주의 연대(developmental alliance)가 공식적으로 종언을 고한 해는 바로 1997년이라고 할 수 있다. 두 가지 아주 중대한 사건이 그 해에 발생했는데, 첫째는 태국과 싱가포르에서부터 인도네시아와 한국까지 이어지는, '아시아의 대공황'이라 부르기에 충분한 거대 금융위기의 발생이었고(Pempel, 1999b: 224), 다른 하나는 '제 2의 국치'라고 불렸던 이 위기가 있었기 때문에 가능해진 최초의 민주적인 정권교체였다. 금융위기의 원인을 놓고 다양한 논쟁들이 있었지만, 개발국가 시대의 구조적인 문제들을 근원적으로 해결하지 못한 상태에서, OECD 가입이라는 목표를 달성하기 위해 기초 체력이 마련되지 않은 가운데 성급히 (금융)시장을 개방했기 때문이라는 의견이 가장 설득력이 있어 보인다(Pirie, 2008: 94). 그렇다면, 여기에서 개발국가

인 저항세력 사이에 이루어진 '분배 연대'를 철저하게 억압하고 탄압하는 차원을 말한다. 마지막으로는 외부를 향하는 야누스의 얼굴이 있는데, 이는 동아시아 발전국가들이 실은 냉전시대의 '반(半)주권국가'(semi-sovereign state) 또는 봉건국가(vassal state)의 위상을 가지고 있었다는 점, 즉 국제사회에서는 경제적으로나 군사적으로 미국에 크게 의존하면서 국내에서 보여준 강력한 위상에 반대되는, 매우 연약한 위상과 권력을 차지하고 있었다는 점을 지적하는 층위다 (cf. Chung, 2012: 73).

시대의 '구조적인 문제들'이란 과연 무엇을 의미하는 것일까?

다양한 문제들이 지적될 수 있겠지만, 앞서 언급한 개발주의 연대의 '시너지적 공모'에 초점을 맞춘다면, 가장 중요한 구조적 문제로는 정실 자본주의(crony capitalism)를 꼽을 수 있을 것이다. 다시 말해서, 국가와 재벌 간의 공모는 양날의 검이었던 바, 그 긍정적인 효과가 압축적 산업화에 따른 급격한 성장이었다고 한다면, 그 부정적인 효과는 일견 '합리적인' 부정부패라고 부를 수도 있는 정실 자본주의였던 것이다. 권력과 이권을 둘러싸고 국가에서 기업으로, 그리고 다시 기업으로부터 정치인에게로 막대한 검은 돈이 흘러 들어가는 이 구조는 재벌들로 하여금 국가의 계도와 보호에 의존하는 손쉬운 선택지를 제공함으로써, 그들이 독립심과 자율성을, 그리하여 진정한 경쟁력을 갖출 수 있는 기회를 박탈했다(Woo-Cumings, 1999: 16).

물론 국가와의 공모 속에서 재벌들이 단지 지대추구(rent-seeking)만을 했다고 볼 수는 없다. 왜냐하면 그들은 국내시장의 팽창은 물론이고 해외시장의 개척을 위해서도 엄청난 규모의 투자를 감행하거나 새로운 산업에 진출하는 등 상당한 위험을 감수한 것처럼 보이기 때문이다. 하지만 이것들은 본래적인 의미에서의 기업가 정신과는 상당히 거리가 있는 것이었는데, 왜냐하면 그들은 국가의 명령에 군소리 없이 복종하는 한 자신들의 투자가 실패할 지라도 모든 보상이 이루어질 거라는 사실을 이미 알고 있었기 때문이다.

이 대목에서 우리가 따로 주목할 것은 국가와 재벌을 양 축으로 삼는 개발주의 연대에 의한 가파른 경제 성장은 권위주의적인 국가에 의해서 '강요된' 또는 '조장된' 노동자들의 희생 위에서 이루어졌다는 사실이다. 마뉴엘 카스텔이 올바로 지적하듯이(1992: 40), 한국에서 '노동자들이 산업구조에 편입되는 양태'는 다른 개발국가들에 비해서도 '훨씬 더 잔인하고 억압적이었다.' 평범한 노동자들이야말로 정실 자본주의의 가장 큰 희생자였다고 할 수 있는바, 그들은 호전적으로 저항하거나 아니면 굴욕적으로 순응하거나 하는 양극단의 선택지 사이에서 옴짝달싹하기 힘든 상황에 처해 있었던 것이다.

전두환 정부(1979/80~1988) 하에서 이루어진 일련의 자유화 조치, 노태우 정부(1988~1993) 하에서 이루어진 민주화 운동의 성과 반영, 그리고 김영삼 정부(1993~1998) 하에서 추진된 다방면의 세계화 노력에도 불구하고, 이와 같은 정실 자본주의의 구조적인 문제들이 근원적으로 해소될 수 없었던 이유는 이 정권들이 태생적으로 압축적 근대화 시절의 가장 큰 수혜자이자 가해자인 '개발주의 연대'의 일원이었다는 사실에서 찾을 수 있다. 따라서 이들의 간헐적인 개혁은 우리 정부와 기업들의 허약한 체질과 체력을 일신(一新)하기에 충분하지 못했으며, 때마침 신자유주의적인 금융시장 개방정책과 맞물리면서

1997년 IMF 구제금융이라는 사태로 귀결되고 말았던 것이다.

바로 이 금융위기가 그 해의 대선에서 '종종 남아프리카 공화국의 넬슨 만델라나 폴란드의 레흐 바웬샤와 비견되곤 하는' 김대중의 당선에 직접적인 영향을 미쳤다는 데는 큰 이견이 없다(Shin, 1999: 12). 1960년대 말부터 DJ는 '공산주의자'라는 딱지가 붙여져 군사정권의 표적이 되었으며, 1971년 대통령 선거 이후로는 수차례의 노골적인 살해 기도에 시달렸다. 바로 이것이 그가 1992년 선거에서 YS와 경쟁할 때, 군 장성들이 공공연히 DJ가 당선될 경우 쿠데타를 하겠다고 공언하고 다닐 수 있었던 배경이기도 하다. 그러나 1997년에 발생한 전례 없는 경제위기는 그처럼 시대착오적인 매카시즘이 전과 같이 활발하게 유통되기는 어려운 환경을 낳았으며, 이를 통해 결국 산업화 시대의 반항적인 '분배 연대'(distributional alliance)를 이끌던 지도자가 정권을 잡을 수 있는 새로운 토양이 마련되었던 것이다(Koo & Kim, 1992).

개발연대 VS 분배연대: 새로운 국가모델을 향하여

IMF의 서슬 퍼런 간섭 하에서 DJ 정부는 노동정책의 민주화와 자유화는 물론 금융구조와 기업지배에 관해서 최초로 '근대적인' 법적 시스템을 소개함으로써 정실 자본주의의 해로운 결과물들을 제거하는 데 초점을 맞췄다(Pirie, 2008: 129). 경제위기가 이러한 정책 활동의 근원적인 배경막이 되어주었으며, 국제기구들의 개입도 개발국가 시대의 관습적인 지혜들이 해체되는 데 나름의 역할을 했다. 예컨대, IMF는 재정 지원을 담보로 자본계정거래(capital account transactions)에 대한 제약들을 폐지해줄 것을 요구했고, DJ 정부는 외자유치의 희망을 안고 이 제안을 수락했다(Ha & Lee, 2007: 902).

하지만 무엇보다 '분배 연대'의 리더로서 DJ의 정체성이야말로 개발국가 모델을 새로운 모델로 대체하는 데 가장 두드러진 요소였다고 할 수 있다. 가령, DJ는 취임사에서 그 날이 한국의 역사에서 가장 자랑스러운 날 중 하나라고 주장했는데, 이는 '민주주의와 경제를 동시에 발전시키려는 정부가 마침내 탄생하는 역사적인 날'이기 때문이다.[7] 다시 말해서, 반대 세력이 낳은 최초의 대통령으로서 DJ는 한국의 기존 정부들이 민주주의를 희생시키면서 경제 발전을 추구했다는 점을 날카롭게 비판하면서 국정을 개시했던 것이다. 같은 맥락에서, 1999년 광복절 축사 역시 주목할 만하다. 이 연설에서 DJ는 재

---

[7] 김대중 (1998.02.25) 국난극복과 재도약의 새 시대를 엽시다-제15대 대통령 취임사.

벌 개혁의 중요성을 다시 한 번 천명하면서, 자신이 '한국 역사상 처음으로 재벌을 개혁하고 중산층 중심으로 경제를 바로 잡은 대통령'으로 기억되기 위해 애쓰고 있다고 선언했다.[8] 로드니 홀이 지적하듯이(2003: 95), '개혁가이자 민주화 투사'라는 강한 정체성을 가지고 DJ는 '아시아 발전 모델의 주요 실천을 정실주의(cronyism) 및 부패와 연결시키는 담론적 재현'을 지속적으로 실행하였으며, 이를 통해 그 실천들을 규범적으로 해체시키고자 했던 것이다.

요컨대, DJ는 아시아의 경제 위기를 '한국에서 오랜 세월 동안 위세를 떨쳐온 재벌을 공격하고 금융 구조조정을 실행하기 위한' 수단으로 적극 이용하였는바, 이를 통해 '구체제는 정치적으로 변형'을 겪을 수밖에 없었다(Pempel, 1999b: 226). DJ의 후임이었던 노무현 역시 이러한 임무를 계승한 것으로 보인다. 원칙에 입각한 개혁이나 반권위주의적 성격만을 놓고 본다면, 노무현은 DJ보다 진일보한 측면이 있었다. 그럼에도 불구하고, 대통령 임기 후반에 진행된 한 인터뷰에서 그는 DJ에 대한 자신의 빚을 다음과 같이 인정하고 있다.

---

8 김대중 (1999.08.15.) 희망과 번영의 새천년을 열어나갑시다-제54주년 광복절 경축사.

김대중 대통령은 아무도 흉내 내지 못하는 독보적인 존재였습니다. 퇴임 5년이 지난 지금 이런저런 평가들이 있지만, 내가 청와대에 들어와서 보니 이 정부의 구석구석에 김대중 대통령의 발자취가 남아 있었습니다. 내가 창조적인 것이라고, 내가 처음 시작한다고 생각하고 들어가 보면, 김대중 대통령의 발자취가 있더란 말입니다. … 내가 가치 있게 생각하는 모든 것에. (오연호, 2009: 119)

국민의 정부 하에서 이루어진 문화산업 정책의 부상

DJ 정부가 표방했던 국정철학이 '민주주의와 시장경제의 병행발전론'으로 집약된다는 사실은 이미 널리 알려져 있다. 하지만 이 이론이 전두환 정권 하에서 사형선고를 받은 뒤에 작성한 '옥중서신'들을 통해서 구체적으로 제시되었다는 사실, 그리고 이 병행발전론의 모델이 영국이라는 사실은 상대적으로 적게 알려져 있다.

DJ는 감옥에서 토인비의 저서들을 읽으면서 이 두 가지의 병행발전을 가장 먼저 이룩한 나라가 영국이라는 확신에 도달했으며, 미국과 프랑스는 이 이론을 충실하게 따르면서 성공적인 발전을 이룬 사례로, 반대로 독일과 일본은 민주주의를 희생하면서 시장경제를 추구한 결과 군국주의적인 정권의 출현과 패전의 상처를 겪게 된 사례로 제시하고 있다(김대중, 2000: 311). 주목할 것은 이러한 이해를 바탕으로 하여, 그가 『제 3의 길』의 설계자라고 할 수 있는 기든스와 사상적인 친화성을 갖게 되었으며, 그와의 개인적인 관계 속에서 1990년대 후반 자신의 정치적 지향을 정위하는 기반을 갖출 수 있었다는 사실이다(김대중, 1998: 56). 이러한 거시적인 방향성 아래서, DJ는 앨빈 토플러의 『제 3의 물결』을 통해 21세기의 '도전과 응전'에 대한 나름의 내러티브를 구성할 수 있었고, 이에 따라 새 천년을 '문화의 시대'로 규정하고 문화산업과 IT산업 육성을 자신의 정부가 추구할 최우선의 국정 과제에 포함시키게 된다.

하지만 아무리 확고한 국정철학이 있다고 해도, 그것을 집행할 수 있는 구체적인 추진체계로서 힘 있는 정책공동체의 출현이 없었다면 그 실현은 불가능했을 것이다. DJ의 문화산업 정책에 초점을 맞춘다면, 이와 같은 새로운 정책공동체는 크게 세 종류의 그룹으로 구성되었다고 말할 수 있다. 첫째는 DJ 자신과 그가 오랫동안 동고동락해온 정치적 심복들, 다음으로는 문화부의 공무원들을 필두로 하여 사법부와 입법부에서 문화산업에 관한 전향적인 자세를 이끌어낸 공직자들, 마지막으로는 민간전문가들로서 DJ의 문화분야 공약에 참여한 후에 영화진흥위원회의 설립을 주도한 영화계의 젊은 인사들이나 게임

산업지원센터를 개설한 후에 이를 모델로 훗날 문화콘텐츠진흥원의 설립과 운영을 책임진 콘텐츠업계의 전문가들을 대표적으로 떠올릴 수 있다.

필자가 '신개발주의 정책공동체'(neo-developmental policy community)라고 부르고자 하는 이 새로운 연대는 DJ가 이룩한 정권교체를 통해서 형성된 것으로서, 과거 서로를 적으로 파악하던 공직자들과 민간 전문가들이 공통의 목표 아래서 전향적으로 손을 잡았다는 사실이 특기할 만하다. 이들은 DJ가 천명한 문화정책의 두 가지 대원칙, 즉 '지원은 하되 간섭하지 않는다'는 거버넌스 원리로서 '팔길이 원칙'과 '제 2의 건국'을 위해 문화산업을 '21세기의 국가기간산업'으로 육성해야 한다는 전략적인 목표 아래서, 역사상 처음으로 한 배에 올라탔다. 표 6

표 6 국민의정부 시기, 한국 문화산업정책의 부상을 이끈 이정표들

No	Landmark events	Date
1	문화관광부의 설립과 문화산업국의 팽창	1998년 2월
2	일본 대중문화에 한국 시장 개방	1998년 10월
3	'문화산업진흥기본법' 제정	1999년 2월
4	최초의 문화산업 관련 중장기 계획 수립	1999년 3월
5	영국 창조산업 담론의 수입	1999년 4월
6	영화진흥위원회, 영상물등급위원회, 게임산업진흥센터 설립	1999년 중반
7	강력한 문화부 장관의 임명	1999년 5월
8	정부 예산에서 '문화분야1%' 공약 이행	2000년 이후
9	'문화콘텐츠산업'과 '문화기술'(CT) 개념의 부상	2001년 초반
10	차세대 성장동력으로 문화기술 선정 및 문화콘텐츠진흥원 설립	2001년 8월
11	『문화산업백서』와 『문화산업통계』의 정기적 간행	2000년 이후

은 문화산업 정책과 관련하여 이들이 일구어낸 이정표적인 사건들을 거칠게 정리해 본 것이다.

열한 가지 이정표가 보여주는 세 가지 정책적 함의

국민의 정부 하에서 발생한 문화산업정책 현장에서의 이정표들을 살펴보면, 이러한 정책 이행을 추동한 힘과 요인에 대해 적어도 다음과 같은 세 가지 사실을 발견할 수가 있다. 첫째, 이행의 필연성은 금융위기가 촉발시킨 '민족생존 담론'(national survival discourse)의 일부로서 제시되었다는 점이다. 예컨대, 『국민의 정부 새문화정책』이나 최초의 문화산업관련 중장기 계획인 『문화산업발전 5개년 계획』 등 초기의 주요 문건들에서는 '제 2의 건국'이 문화산업 진흥의 필수적인 외적 환경임이 반복적으로 천명되고 있다. 이러한 견지에서 한국의 정책 입안자들은 '문화산업 선진국의 세계시장 석권에 적극 대처'하지 않으면, 한국은 21세기 국가경쟁력의 최후의 전쟁터라 할 수 있는 문화산업 분야에서의 경쟁력을 상실하고 이로써 민족문화와 문화정체성까지 상실할 수 있다고 보았다(문화관광부, 2000: 9). 하지만 다른 한편으로 그들은 '지식사회의 도래로 경쟁 환경'이 급변하고 있기 때문에 문화산업 육성이란 과제에 있어서는 '선진국과 출발선상의 격차가 거의 존재하지' 않는다는 희망적인 분석도 품고 있었다.

여기에서 핵심어는 물론 '문화산업의 국가경쟁력'이라고 할 수 있는데, 이는 비단 당시의 위기 극복만이 아니라 새로운 패러다임이 지배하는 21세기의 민족생존을 위해서도 필수적인 것으로 거듭 강조되고 있다. 1997년에 발생한 두 가지 중대한 사건이 이와 같은 생존 담론의 완벽한 배경으로 작용하였는바, 그러한 사건들이 없었다면 과거 장식품 정도로 취급되던 문화(산업)정책이 그토록 중요한 분야로 부상하는 일은 결코 없었을 것이며, 사회적 합의를 형성하고, 타 부처와 일반인들의 고정관념을 변화시키고, 연관된 정책적 변화를 실행할 수 있는 조건을 조성하는 데 훨씬 더 많은 에너지가 소요되었을 것이 분명하다.

다음으로 주목할 사실은 위의 주요한 사건들의 배후에 궁극적인 보스, 즉 DJ의 '보이는 손'이 강력하게 작동하고 있다는 점이다. 이것은 군부독재시대부터 관습적으로 굳어진 일인 중심적, 또는 제왕적 대통령제라는 한국의 정치적 현실과 불가분의 관계를 맺고 있지만, 자신을 공공연히 '문화 대통령'이라고 부르면서 문화정책에 각별한 관심을 기울인 DJ의 개인적 성향과도 깊이 연관되는 것이다.

가령, 일본 대중문화에 국내시장을 개방하는 것은 YS 정부에서도 수차례 논의되던 사안이었지만 왜색문화의 범람이라는 부작용을 우려하여 그 누구도 과감하게 추진하지 못하던 정책이었다(2009년 10월, 전 문광부 차관 인터뷰). 최초의 문화산업 장기계획을 작성하면서 과거 사이비예술로서 종종 청소년 비행과 연결되곤 하던 만화나 게임과 같은 분야들을 독립적인 산업의 지위로 격상시킨 것도 결코 국내 콘텐츠산업 발전 과정에서 자연스럽게 도래한 인식이 아니었다. 마찬가지로 아직까지도 역대 문화부 장관 중 가장 힘이 센 장관으로 기록되어있는 박지원 장관의 임명은 DJ의 문화공약이 충분히 강력하게 추진되고 있지 못하다는 판단에서 이루어진 전략적 결정이었으며, IMF가 모든 예산을 꼼꼼히 검토하고 있는 상황에서 그리고 여타 부처들이 문화부를 단지 '소비'와 연관된 부처로 바라보면서 반발하는 가운데 이루어진 '문화 예산 1% 공약'의 앞선 달성 역시 DJ의 각별한 의지가 없이는 이루어질 수 없는 사건이었다(2009년 10월, 전 문광부 장관 인터뷰). 거듭 강조하거니와, 이와 같은 일련의 정책적 변화는 DJ가 취임 초기부터 추진했던 '제 2의 건국 운동'의 일환으로서 매우 절실하게 추진된 것이라는 사실을 이해해야만, 그 의의와 과정이 제대로 파악될 수 있다. 이러한 맥락에서 DJ는 과거의 대통령들과는 달리 문화정책 분야의 전통적인 그리고 새로운 목표들을 수행함에 있어서 강력한 확신과 함께 온전한 책임을 지겠다는 자세를 보임으로써, 새로운 문화정책 공동체가 위의 이행을 일관적으로 추진할 수 있는 거점을 마련해주었던 것이다.

마지막으로, 우리는 위의 열한 가지 이정표들이 넓은 의미에서 '팔길이 원칙의 보장'과 '문화산업의 국가기간산업화'라는 두 방향 아래 포섭될 수 있다는 사실에 주목할 필요가 있다. 이 두 원칙은 모두 민주주의와 시장경제의 병행발전이라는 테제와 나름의 방식으로 연결되어 있다. 우선 팔길이 원칙은 정부가 공공영역의 자유를 보장함으로써 국민들 간에 그리고 국민들과 정부 사이에 발생하는 갈등을 민주적으로 해결할 수 있는 제도적 장치를 마련하는 것, 그리하여 일종의 사회적 자본을 발생시키고 이를 경제 발전의 동력으로 삼을 수 있다는 논리에 기반해 있다. 다른 한편으로, 문화산업의 국가기간산업화라는 테제는 위의 일반적인 논리에 정보화 혁명이라는 특수한 상황을 접합시킨 것으로서, 개인과 집단의 전문지식과 창조성이 산업의 가장 중요한 투입물이자 산출물이 되고 있는 시대에 '문화산업은 그 자체로 보물창고와 같은 분야일 뿐만 아니라 여타의 첨단산업이 발전할 수 있는 조건과 환경에 대한 시금석(template)으로 작용할 수 있다'는 신념을 표상한다.

이러한 두 가지 신조를 가지고서, 전술한 '신개발주의 정책공동체'는 새로운 양태의 법안과 중장기 계획을 수립하고, 문화산업/콘텐츠산업/창조산업의 국내 생태계를 일신하고 육성하기 위한 전혀 새로운 정책을 추진할 수 있었으며, 과거의 권위주의적인 준정부조직을 전면적으로 개편하거나(예: 영화진흥위원회) 새로운 유형의 진흥기관(예: 문화콘텐츠진흥원)을 설립하는 등 과감한 변화를 꾀할 수 있었던 것이다.

물론 각각의 이정표들이 새로운 문화정책의 두 원칙을 동일한 정도로 구현하고 있다고 주장하는 것은 아니다. 가령 1999년 5월에서 7월 사이에 이루어진 영화진흥위원회, 영상물등급위원회, 게임산업지원센터의 설립은 '팔길이 원칙의 실현'이란 테제가 보다 두드러지는 사례라고 할 수 있으며, 2001년 8월 DJ 정부가 차세대 성장동력산업 6가지 중 하나로 문화기술(CT)을 선정하고 향후 전폭적인 투자를 약속한 것은 '문화산업의 국가기간산업화'라는 비전이 보다 강조되고 있는 사례라고 할 수 있을 것이다. 한편 2000년 이후로 문화정책백서와 문화산업백서, 그리고 문화산업통계 등의 필수적인 자료들을 정기적으로 간행하기 시작한 것은 두 가지가 동등하게 강조되고 있는 사례로 꼽힐 수 있다. 그 전까지는 존재하지 않거나 무시되었던 관련 정보들을 정부가 정기적으로 업데이트하여 투명하고 빠르게 제공함으로써, 공공 영역의 관심과 상업 영역의 관심을 동시에 만족시키는 결과를 낳았기 때문이다.

이와 같은 견지에서, 우리는 이 두 궤도 전략(two-track strategy)이야말로 DJ 정부 아래서 이루어진 문화산업정책 부상의 요체이며, 나아가서는 신개발주의 문화정책을 향한 근본적인 전환의 방향타였다고 평가할 수 있을 것이다.

신개발주의 문화산업 정책의 프레임워크

이러한 정책적 배경과 지향, 과정을 통해서 국민의정부와 참여정부는 문화(산업)정책의 총체적인 혁신을 꾀하는 바, 이는 창조산업과 창조경제 등의 개념을 중심으로 1997년 이후 영국에서 발생한 문화정책의 창조적 전회(정종은, 2013a)에 비견할 만한 '한국적 창조적 전회'로 이루어졌다(정종은, 2013b). 창조성을 그 중핵으로 삼고 있기 때문에 창조적 전회(creative turn)이라고 이름 붙여진 이 변화는 국내에서는 기존의 유력했던 개발국가 모델을 서구 조절국가의 거버넌스 원칙과 접합하면서 독특한 모델을 낳았기 때문에 '신개발주의(neo-developmental) 문화 정책'이라고도 부를 수 있다. 아래의 표 7은 한류의 배경이 된 신개발주의 문화산업 정책 프레임워크를 요약한 것이다.

이 프레임워크를 통해서 우리가 얻을 수 있는 가장 큰 교훈은 한국적 창조적 전회를 이끈 '정책공동체'의 성격이 매우 혼합적이라는 사실이다. DJ는 권위주의적 통치와 정실 자본주의라는 동아시아 개발국가 모델의 중대한 부작용을 해결하기 위해서 서구 조절국가로부터 '팔길이 원칙'을 수입했다. 이 원리에 기초하여, 한국의 문화산업정책 전문가들은 몇몇 재벌들의 적응력만이 아니라 일반 국민들의 창조성에 입각한 국가혁신시스템(national innovation system)을 구축하고자 했다. 그들은 개발국가에 의해 건설된 국가모방시스템(national imitation sys-

표 7 **한류의 배경이 된 신개발주의 문화산업 정책 프레임워크**

	비전: 문화산업 관련 국가혁신시스템(NIS) 건설			
전략	협력적 거버넌스 전략	포괄적 인프라 전략		상징적 개입 전략
내용	문화산업정책 현장에 새로운 양식의 거버넌스 체계 도입	환경인프라와 투입인프라를 포괄하는 새로운 종류의 인프라 건설		문화산업 가치사슬에 새로운 양태의 개입 실행
활동	민주적인 방식으로 문화산업정책 공동체에 권한을 부여하고 상호연결망을 구성	2.1. 환경인프라 건설 (i.e. 법과 세금체계, 사회인식, 정책연구 등)	2.2. 투입인프라 육성 (i.e. 인적, 기술, 재정, 물적, 정보 인프라 등)	3. 각 산업장르의 생산-유통-국내시장-해외시장 단계에 전략적으로 개입
기초	제3의 길: 병행발전론	제3의 물결: 정보화 혁명론		
논리	사회적 자본: 창조성의 부정 강화	창조적 자본: 창조성의 긍정 강화		
모토	팔길이 원칙	문화산업의 국가기간산업화		

출처: 정종은(2016)

tem)과는 달리, 이 새로운 시스템이 지속 가능한 방식으로 필수적인 혁신을 담보할 수 있을 것으로 기대했다(2009년 10월, 전문체부 장관 인터뷰).

그럼에도 불구하고, 다른 한편으로 국민의정부와 참여정부 아래서 문화관광부가 '문화산업의 기간산업화'를 달성하기 위해서 활용한 정책수단들은 조절국가에서 통용되는 방식과는 매우 달랐다는 점도 지적되어야 한다. 그것은 오히려 과거 개발주의 시대의 전성기에 경제기획원(Economic Planning Board)이 취하던 국가 전략산업 육성 방식에 오히려 더 가까워 보인다. 실례로 박정희 대통령이 1973년 중화학공업 육성을 천명하면서 정부가 집중적으로 육성할 여섯 가지 전략산업을 제시했듯이, DJ는 2001년 차세대 성장동력산업 육성을 천명하면서 (문화기술을 포함하여) 정부가 집중적으로 육성할 여섯 가지 신기술을 제시했다.[9] 뿐만 아니라 이와 같은 패러다임 전환의 정당성을 확보하고자 노력하는 과정에서 '민족생존 담론'에 기반한 대중운동을 추진했다는 점도 공통적으로 발견된다(새마을운동

---

9 박정희 정권은 철강, 조선, 기계, 비철금속, 전자, 석유화학 산업을 국가 전략산업으로 선정했고, 김대중 정권은 환경 기술, 나노 기술, 우주항공 기술, 생명공학 기술, 정보통신 기술, 문화 기술을 차세대 성장 기술로 선정했다.

vs 제 2의 건국운동). 무엇보다도 약 삼십 년의 격차를 두고 발생한 두 차례의 변환에서는 모두 카리스마적인 대통령들의 '보이는 손'이 큰 역할을 했다.

따라서 국민의 정부와 참여정부가 구성해낸 문화산업정책은 조절국가의 거버넌스 원리와 개발국가의 전략산업 육성 원리를 나름의 방식으로 혼합한 것이라고 결론 내릴 수 있다. 바로 이러한 견지에서 필자는 새로운 문화산업정책을 '신개발주의 문화산업정책'으로, 새로운 정책공동체를 '신개발주의 정책공동체'로 부를 수 있다고 주장했던 것이다.

다음으로 강조할 것은 신개발주의 문화산업정책 프레임워크가 문화산업의 단계적 발전(phased development) 논리를 구현하고 있다는 사실이다. '팔길이 원칙'에 기반하고 있는 첫 번째 단계는 문화를 이데올로기적인 촉매제(ideological catalyst)로 활용했던 개발독재시대 문화정책의 관습을 혁파하여 국민들과 문화산업계의 창조성을 진흥하려는 '창조성의 부정 강화'(negative consolidation)를 핵심 논리로 삼고 있다. 다음으로 '문화산업의 국가기간산업화'라는 비전에 의존하고 있는 두 번째 단계는, 문화를 일종의 장식품(add-on)으로 치부하면서 그 중요성을 무시했던 개발독재시대 문화정책의 또 다른 국면을 넘어서서, 이제는 문화경제 또는 창조경제의 생태계를 튼실하게 구축함으로써 문화산업의 폭과 깊이를 키우고 이를 통해 개인의 창조성이 발휘될 수 있는 보다 많은 기회를 제공하겠다는 '창조성의 긍정 강화'(positive consolidation)를 핵심 논리로 삼는다.

우리가 잊지 말아야 할 사실은 이 두 단계가 호환이 불가능하다는 점이다. 즉, 문화산업을 둘러싼 새로운 방식의 민주적 거버넌스와 이를 제도적으로 지원하고 보장하는 환경 인프라가 구축되지 않는 이상, 아무리 다양한 투입 인프라를 조성하고 아무리 전략적으로 개별 산업장르의 가치사슬에 개입한다고 해도 만족스러운 결과를 얻을 수는 없다는 것이다. 왜냐하면 민주주의, 표현의 자유, 공공 영역, 그리하여 사회적 자본이 확보되지 않는 곳에서는 사람들로 하여금 자신들의 창조성과 상상력을 최대한 발휘하도록 격려하는 것이 불가능하기 때문이다. 다시 말해서, 비록 한 사회가 민주주의의 수준을 고양시킨다고 해서 반드시 구성원들의 창조성이 향상되는 결과를 낳는 것은 아니겠지만, 민주주의를 죽이는 것은 거의 분명하게 해당 구성원들의 창조성을 위축시키는 결과로 이어진다. 이것이야말로 한국적 창조적 전회가 낳은 가장 중요한 정책 결과물로서 '신개발주의 문화산업정책'의 핵심적인 논리라고 할 수 있는바, 한국 문화산업의 비약적인 성취에 관심을 기울이고 있는 많은 국가들이 결코 놓쳐서는 안 되는 지점이라고 하겠다.

한류, 신개발주의 문화 정책의 힘

다소간 장황했다고 핀잔을 줄 수도 있겠지만, 이제야 챕터의 결론을 제시할 시간이 되었다. 한류는 개발국가 시대의 침식과 함께 이루어진 개발주의 문화정책이 서구 선진국의 민주적인 거버넌스 원칙을 만나서 신개발주의 정책의 시대가 열리는 것과 뗄레야 뗄 수 없는 관계를 맺고 있다. 경제발전을 위한 이데올로기적 통제 장치로 간주되면서 문화와 문화정책이 집중적인 검열의 대상이 되었던 시기, 그리고 뒤이어 3S(Sex, Sports, Screen) 정책이 상징하듯이 경제성장에 지친 국민들에게 순간의 위로와 여흥을 제공하는 장식품으로 치부되던 시기가 끝이 나면서, 비로소 한류가 날아오르기 시작한 것이다.

검열과 무시로 점철되었던 '개발주의 문화정책'의 시대를 마치고, 팔길이 원칙과 국가기간산업화 담론에 기초한 '신개발주의 정책의 시대'가 열리면서, 한류는 21세기 대한민국이 이루어낸 가장 위대한 성취의 하나로 자리 잡을 수 있었던 것이다. 특히 창조성의 '부정' 강화와 '긍정' 강화가 호환이 불가능한 단계적 미션이라는 점은 다시 한 번 강조할 필요가 있다. 이는 경제적으로는 일찌감치 G2국가로 부상한 중국의 문화콘텐츠가 국제 시장에서는 완벽하게 외면당하고 있다는 사실이 처절하게 반증하고 있는 교훈이다.

 요컨대, 한류는 글로벌화, 디지털화, 혼종화가 대세를 이루고 있는 현대사회에서 신개발주의 문화정책의 국제적 '힘'을 보여주는 가장 명징한 사례라 할 수 있다. 역으로 한류를 통해서 신개발주의 문화정책은 지속적으로 '힘'을 얻으면서 그 역동성을 발휘해오고 있다. 이제 한류의 영향력이 어디에서 오는 것인지, 그 확산의 메커니즘은 어떻게 작동해왔는지를 살펴볼 차례다.

Chapter 4. 한류, 왜 그토록 강력한가?

지금까지 살펴보았듯이, 한류는 1990년대 후반에서 현재에 이르기까지 약 25년간 꾸준히 주요 분야 및 대상 지역을 확대하면서, 여러 단계를 걸쳐 점진적으로 확산되어왔다. 따라서 '한류가 왜 그토록 강력한 힘을 발휘할 수 있었는가'에 대한 대답을 모색하기 위해서는 서로 다른 양태와 특질을 보이는 단계별로 독립적인 요인 분석이 필요하다. 하지만 이는 현재의 페이스로 우리가 탐색하기에는 너무나 방대하고 복잡한 지형이라고 할 수 있다. 따라서 이번 챕터에서는 일종의 총론 차원에서 한류가 글로벌 문화현상으로서 영향력을 확대해온 요인 및 메커니즘을 개략적으로 살펴보고자 한다. 네 번째 여행지로 출발해보자!

한류의 성공 요인에 관한 다양한 연구들

한류의 정의에 관해서나, 한류의 시기 구분에 관해서나 많은 연구자들이 다양한 연구 결과를 발표해왔다. 한류의 성공요인 역시 그와 같은 핵심 이슈에 해당한다. 표 8에서도 확인할 수 있듯이, 어떤 학자들은 한류의 전반적 발생 요인에 관심을 보이면서(제혜금, 2018; 김정수, 2014), 내부의 강점과 외부의 기회가 맞물리게 된 순간을 포착하고자 했다. 한 마디로 요약하자면, 새로운 문화정책과 디지털 기술을 바탕으로 동아시아 시장의 진공상태를 채워줄 매력적인 콘텐츠가 새로운 밀레니엄의 시작과 함께 한국에서 만들어지기 시작했다는 것이다.

이와 같은 발생 요인에 공감하면서도, 보다 구체적인 층위에서 요인을 살피는 연구들은 문화정책의 변화(정종은, 2013b; 2016; Chung, 2019), 문화비즈니스 경영 차원의 특성(임성준, 2013), 콘텐츠 자체의 경쟁력(황순학외, 2016) 등을 세부적으로 살펴보고 있다. 물론 이 외에도, 한류 성공 및 확산의 요인으로 일반적인 문화접변 이론의 차원에서 경쟁력을 탐색하거나(김종호, 김필수 2015), 최근의 디지털 스마트 기술 차원에서 확산 요인을 탐색하는 연구(조병철, 심희철, 2013) 등도 존재한다.

표 8   한류의 성공요인에 대한 기존 연구 분석

구분	연구 관심	핵심 요인
제혜금 (2018)	전반적 요인	1) 국제적 마인드와 전문성을 갖춘 프로듀서 및 아이돌, 2) 동서양 고유의 특징을 고루 갖춘 콘텐츠, 3) 한국정부의 정책적인 한류 육성, 4) 대외 수요의 급증, 5) 디지털시대에의 조응
김정수 (2014)	전반적 발생 및 성공 요인	1) 내적 요인: 한국 대중문화의 경쟁력(콘텐츠의 매력_push), 2) 외적 요인: 동아시아 국제환경의 변화(문화적 진공상태_pull), 3) 개인적 요인: 소수의 열정적 엔터테인먼트 비즈니스 기업가, 4) 정책적 요인: 문화콘텐츠 해외진출 위한 정부의 직간접적 지원, 5) 기술적 요인: 디지털 소셜미디어의 확산
조병철, 심희철 (2013)	급속한 확산 요인	1) 스마트 환경의 변화, 2) 소셜 미디어의 확산, 3) 이러한 새로운 트렌드를 잘 활용한 국내 콘텐츠 기업들
임성준 (2013)	경영학적 특수성 요인	1) 애초 글로벌 시장 겨냥 기획, 2) 조기발굴 통한 체계적 인재 육성, 3) 글로벌 검증 자원 동원한 프로듀싱, 4) 음악산업의 디지털화 적극 활용, 5) SNS를 통한 팬덤 조성, 관리 능력, 5) 360도 매니지먼트와 스타 시스템 등 경영 역량, 6) Freeconomic 등 새로운 BM
김종호, 김필수 (2015)	문화접변 경쟁력 요인	1) 콘텐츠생산의 규격화, 2) 스타경쟁력, 3) 전달매체와 전파수단의 경쟁력 향상, 4) 한국의경제력 강화와 아시아 국가들의 글로벌화, 5) 한국에 대한 호감도 상승과 문화수용의 적합성, 6) 아시아지역 대중문화시장의 빠른 성장
황순학 외 (2016)	콘텐츠 자체 경쟁력 요인	1) 주인공과 스토리의 현실성 및 접근성, 2) 서구의 형식과 동양의 전통을 조합한 세련된 인간미 제시, 3) 화면, 음악, 주제면에서 아시아를 대표하는 예술성
정종은 (2013b, 2016, 2019)	문화 정책의 역할	1) 신개발주의 정책을 통한 검열 폐지 및 진흥 정책, 2) 창조적인 인재 집결 및 활동을 통한 국내 시장 성장, 3) 인식 전환 콘텐츠의 출현 및 경쟁력 있는 후속 콘텐츠의 제공, 4) 정책과 산업의 선순환 구조

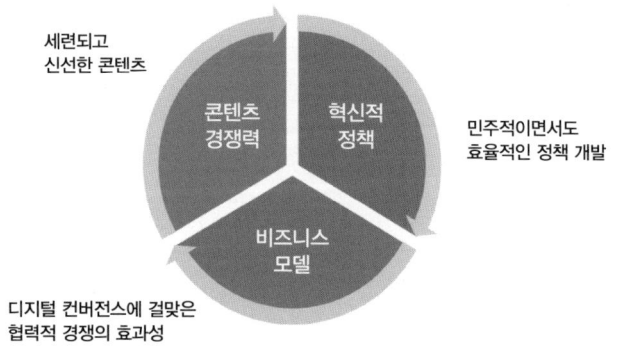

그림 1 　한류 성공의 핵심 요인

이상과 같은 연구자들의 관점을 종합하면, 그림 1과 같이 '정책-산업-콘텐츠'라는 세 요인을 거칠게 도출해볼 수 있다. 따라서 아래에서는 문화정책, 문화비즈니스, 문화콘텐츠라는 세 범주를 통해 한류의 성공 요인에 대해 고찰해보고자 한다.

문화정책 요인: 신개발주의 문화정책을 통한 체질 변화

앞 장에서도 확인할 수 있었듯이, 필자는 한류의 세 가지 성공 요인 중에서 문화정책의 역할에 대해 가장 깊은 관심을 보여온 연구자들 중 한 사람이다(정종은, 2013; 2016; Chung, 2012; 2019).

전술한 바와 같이, 전 세계 문화정책 연구자들의 주목을 받았던 영국의 창조산업 정책보다 더 드라마틱한 변화와 성취가 한국 문화산업 정책을 통해 이루어졌다.

국민의정부와 참여정부 시절, 입안되고 실행된 신개발주의 문화정책 프레임워크가 한국 문화산업의 체질 변화를 이끌어 냈다는 사실은 어렵지 않게 입증된다. 일례로, 국내 시장에서 한국영화 점유율은 1998년 25.1%에서 2007년 50%로 두 배 가까이 증가했으며, 해외로 수출된 한국영화의 편수도 1998년 33편에서 2007년 321편으로 약 열 배 가까이 증가했다(KOFIC, 2004; 2008). 이러한 성장세는 비단 영화라는 장르에만 국한된 것이 아니다. IMF 구제금융으로 마이너스 성장을 했던 1998년의 기록을 제외한다면, 국민의 정부에서 GDP는 연 평균 7.3% 성장한 데 비해 문화산업은 그 세배 반이 넘는 26.1%의 성장률을 기록했다. 참여정부에서도 한국 문화산업은 연평균 GDP 성장률 4.3%의 두 배가 훨씬 넘는 9.1%의 성장률을 보였다(Chung, 2012: 198). 같은 기간 해외시장으로의 문화산업 수출 증가 역시 인상적인데, 문화산업 수출 총액은 1998년 4억 천 2백만 달러에서 2007년 15억 5천5백만 달러로 277%나 증가했다. 이 기간 동안 특별히 게임산업(849%), 방송산업(1,409%), 캐릭터산업(208%)이 수출액이나 수출증가율 모두에서 비약적인 성장을 기록하며 선봉에 섰다고 말할 수 있다(Chung, 2012:

202).

이와 같은 성과가 과연 정책적 요인에 얼마나 기인하는지를 계량적으로 밝히는 것은 쉽지 않은 일이다. 하지만, 우리는 잠시 후에 살펴볼 한류 확산의 메커니즘을 통해 문화정책 요인이 한류의 확산에 결정적인 공헌을 했음을 확인할 수 있을 것이다.

문화비즈니스 요인: 가치사슬 전반의 실효성 있는 경영 전략

문화산업, 창조산업, 콘텐츠산업, 엔터테인먼트 산업 등 다양한 명칭을 가지고 있으면서도, 이들은 '산업'이라는 개념을 빠

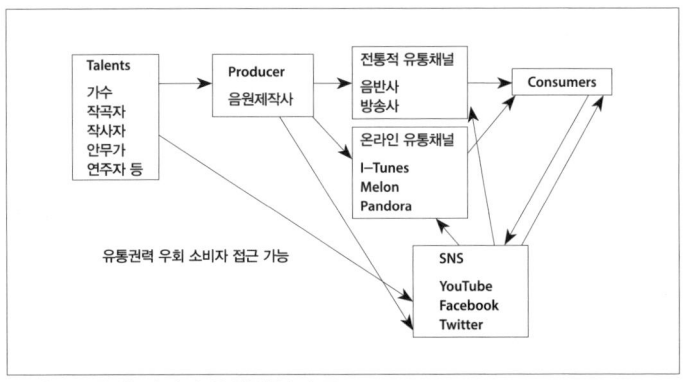

그림 2 **국내 디지털 음악산업의 구조**
자료: 임성준(2013: 332)

트리지 않는다. 다시 말해서, 민주적이면서도 효율적인 정책이 마련되었더라도, 기업들의 역할이 없다면 한류가 성장할 수 없었을 것임은 자명한 일이다.

> - 기획 단계: 일본이나 중국과 달리 애초부터 글로벌 시장을 겨냥한 기획
> - 창작 단계: 조기발굴을 통한 체계적 인재의 육성(Talent development)
> - 제작 단계: 글로벌 검증 인재를 총 동원한 프로듀싱(Talent acquisition)
> - 유통 단계: 음악산업의 디지털화 적극 활용(음원, 플랫폼, IT 등)
> - 소비 단계: SNS를 통한 적극적인 글로벌 팬덤 조성 및 관리
> - Business Model: 위의 가치사슬을 관통하는 새로운 비즈니스 모델 활용(국내의 환경에 적절하고 국제적 트랜드에 조응하는 360도 매니지먼트와 스타 시스템, Freeconomic 등의 경영전략 등)

그림 2가 시사하듯이, 한류의 경쟁력은 디지털화로 인해 기존의 산업 가치사슬이 빠르게 변화하는 가운데, 우리나라 문화 기업들이 일찌감치 관련 경험을 축적하고 전략적 경영 방안을 도출하여 적용시켜온 데 힘입은 바가 크다. 예컨대, K-Pop의 국제 경쟁력은 2000년대 초반부터 디지털 컨버전스가 빠르게

진행되는 상황에서, 기획-창작-제작-유통-소비라는 가치사슬 제 단계에서 국내 기업들이 특장점을 갖는 경영 전략을 맞춤형으로 고안한 데서 기인하는 것이다(임성준, 2013).

물론 이와 같은 비즈니스 모델 차원의 경쟁력은 국가 단위의 특성만이 아니라 개별 문화기업 단위의 특성과도 깊은 관계가 있다. 가령 SM엔터테인먼트의 경우, "국내 음반시장의 축소와 전근대적인 제도들"이 해외시장 진출의 결정적인 계기가 되었으나, 이후 "최고경영자의 카리스마적 리더십은 명확한 비전을 중심으로 실행력, 영향력, 관계구축 능력, 전략적 사고를 발휘함으로써 조직역량을 극대화 하는데 기여했고, 이 조직역량은 적절한 해외진출 전략을 가능하게"하는 기반이 되었다(이장우, 허재원, 2013). 마찬가지로 K-Pop 팬덤의 적극성은 국가 단위에서 볼 때도 매우 강력하다고 평가할 수 있지만, 개별 그룹 차원에서 BTS 팬덤의 적극성은 그 중에서도 타의 추종을 불허하는 강도와 속도, 규모와 범위를 보여주는 것이 사실이다.

문화콘텐츠 요인:
국가 역량을 반영한 세련되고 신선한 스토리텔링

한편 황순학 외(2016)에 따르면, 한국 드라마가 중국에서 커다란 인기를 얻고 강력한 영향력을 발휘할 수 있었던 이유를 찾고자 한다면, 무엇보다 콘텐츠 자체의 "매력"이 강조될 필요가 있다. 문화정책의 변화와 문화비즈니스의 성숙은 매우 중요한 요인이기는 하지만, 해외 수용자들이 피부에서 직접적으로 느낄 수 있는 요인은 아니기 때문이다. 이러한 관점에서 황순학 외(2016)는 문화콘텐츠 자체의 경쟁력 관점에서 한국 드라마의 성공 요인을 **1.** 주인공과 스토리의 현실성 및 접근성, **2.** 서구의 형식과 동양의 전통을 조합한 세련된 인간미 제시, **3.** 화면, 음악, 주제 면에서 아시아를 대표하는 예술성 등으로 정리하고 있다.

위의 연구는 '콘텐츠 성공 요인'을 체계적인 기준이나 다각적인 분석을 통해 제시하고 있지는 않다. 허나, 최종적인 상품으로서 콘텐츠의 중요성에 주목하면서, 한류 콘텐츠의 매력이 공급자의 역량과 수요자의 필요가 일치할 때 상호작용을 통해 발산하는 것임을 반복적으로 언급하고 있다는 점은 큰 미덕이 아닐 수 없다.

다시 말해서, 중국 또는 아시아의 수용자들이 한국 드라마에 매력을 느끼는 이유는 그 내용과 형식을 아울러 (이질적인 서구 문화를 제외하고는) 가장 '세련된'것이기 때문이다. 이러한 세련됨은 동양에서는 일본 다음으로 이루어진 '이른 산업화'와도 연관이 있는 것이며, 나아가서는 일본 사회도 제대로 경험하지 못했던 '시민 혁명'의 경험과도 깊은 관계가 있는 것이다. 경제 발전과 정치의 민주화가 이루어진 대한민국의 삶이 오롯이 담긴 한류 콘텐츠는 기본적으로 동양과 서양의 교차, 하이브리드, 혼종성을 담보하고 있으며, 단순한 혼합물이 아니라 화합물로서의 높은 완성도를 보여주고 있다. 이로 인해 동양인들의 눈에서는 가장 '세련된' 콘텐츠, 서양인들의 눈에서는 가장 '신선한' 콘텐츠가 태어나는 것이다.

성공요인이 결합된 한류 확산의 메커니즘

앞서 살펴본, '정책-산업-콘텐츠'를 아우르는 한류 확산의 여러 요인들은 시간이 흐르면서 계속 축적되고 진화하는 동시에 서로 밀접하게 결합하면서 시너지를 창출해왔다. 이러한 요인들은 과연 어떠한 과정을 거치면서, 어떠한 메커니즘을 통해 한류의 발전과 확산을 초래해왔을까? 그러한 메커니즘은 과연 '신개발주의 문화정책'의 핵심적인 논리로서 '단계적 발전'을 구현하는 방식으로 이루어졌을까? 이를 확인하기 위해서라도, '정책'의 변화가 어떻게 '산업'의 변화로 연결되었고, 더 나아가서는 '콘텐츠'의 변화를 통해 수용자들의 인식변화로 연결되었는지를 설명하는 보다 세밀한 논의가 필요하다.

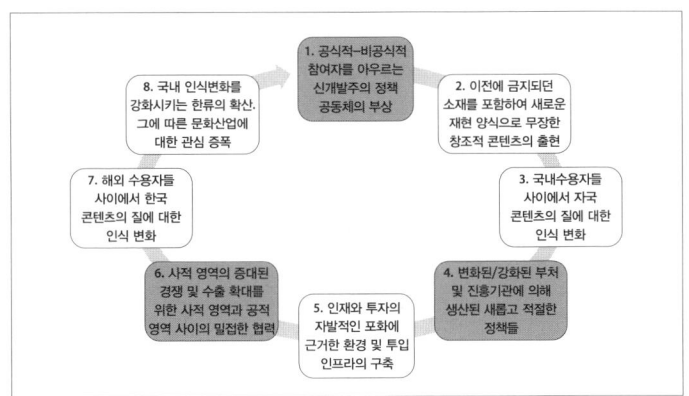

그림 3 한류 형성기의 정책–산업–콘텐츠 선순환 메커니즘
자료: 정종은(2016: 6)

이 지점에서 '한류 형성기'의 선순환 구조에 대한 심층적인 분석이 도움이 된다. 그림 3은 대중문화/문화산업을 중심으로 한 한류가 초기의 십년 동안 대한민국의 문화적 역량을 상징하는 표상으로 자리 잡게 된 과정을 8가지 단계로 형상화한 것이다. 그리고 필자의 판단으로 이 메커니즘은 2010년대에도 크게 다르지 않게 적용되었다.

한류형성기의 선순환 메커니즘을 파악함에 있어서 가장 중요한 통찰은 대중문화 '한류'가 어느 날 우연히 하늘에서 떨어지거나 땅에서 솟아난 현상이 아니라는 사실이다. 여러 요인들이 작동한 순서를 명확히 가를 수도 없고, 동시에 작동한 경우도 많으며, 때로는 우연한 계기들이 효과를 낳기도 하였으나,

앞서 살펴본 세 가지 요인은 위에서 정리한 8단계를 통해 강력한 국제적 현상으로 자리를 잡았다. 단계별로 세부 내용을 정리해보자.

1~3단계: 신개발주의 연대, 창조적 콘텐츠, 국내의 인식 변화

1단계: 첫 번째 단계는 팔길이 원칙과 문화산업의 국가기간 산업화라는 새로운 정책 철학을 공유한 신개발주의 정책 공동체의 부상이다. 표 7의 '협력적 거버넌스' 전략이 직접적으로 드러내듯이, 문화정책 현장에서 공적(official) 참여자들과 비공식적 참여자들 사이의 파트너십은 비단 선순환 구조의 출발점만이 아니라 그것의 발전을 방향 짓는 컨트롤타워의 역할도 감당했다. 개발주의 시대의 '분배 연대'에 기초를 두고 있는 정치 세력과 영화계를 중심으로 한 일군의 정책 전문가들이 초기의 방향을 잡았으며, 이에 더하여 (국민의정부 시절 마지막 문화산업국장의 표현에 따르면) 더 이상 스스로를 민간을 이끄는 "선봉"이라기보다는 주인된 국민에게 봉사하는 "마당쇠"로 규정하는 데 거리낌이 없게 변화한 행정부 관료들과 '표현의 자유'를 혁신적으로 신장시키는 데 일조한 사법부, 특히 헌법재판소의 판사들에 이르기까지 느슨하기는 하지만 큰 방향을 공유한 새로운 정책 공동체가 형성되었던 것이다.

2단계: '한국적 창조적 전회'의 시발점일 뿐만 아니라 지속적인 컨트롤 타워로 기능하게 될 이 새로운 정책공동체의 출현은 우리나라 문화산업 현장에 즉각적으로 영향을 미쳤다. 이들이 영향력을 발휘하면서 새로운 재현양식으로 무장한 창조적인 콘텐츠들이 출현할 수 있는 공간이 열렸기 때문이다. 여기서 열쇠 개념은 '표현의 자유'이다. 문민정부와 국민의정부에서 문화산업국장을 역임한 인사에 따르면, 1998년 국민의 정부 출범 이후 검열 등과 관련해서 기존의 타부(taboo)들이 매우 빠르게 철폐되었으며, 감독들과 시나리오 작가들로부터 정말 자신들이 표현하고자 하는 모든 것을 해도 되는 상황이 이처럼 급작스럽게 도래한 것이 사실인지 어리둥절해 하는 질문을 많이 받았다고 한다. 그에 따르면 〈쉬리〉, 〈JSA〉, 〈태극기〉, 〈실미도〉 등 한국영화의 양적·질적 도약의 이정표가 된 일군의 영화들은 새로운 정책공동체가 이와 같은 '표현의 자유'를 확실하게 담보해주지 않았다면 나올 수 없는 영화였다. 이처럼 새로이 누리게 된 자유의 결과로서, 새로운 유형의 콘텐츠들이 비단 영화계에서만이 아니라 한국 문화산업의 다양한 장르에서 출현하기 시작했다. 비결은 표현의 자유가 확보되면서 개발주의 시대 이후 구속되어왔던 우리나라 창작자들의 창의성과 상상력이 해방되었다는 사실로부터 찾을 수 있다.

3단계: 분명히 표현의 자유 보장은 한국 문화산업 발전에 있어서 아주 중요한 전환점이 되었다. 허나 이 사실은 비단 생산자들만이 아니라 수용자들에 의해서도 인지되어야 했다. 한국 문화산업계가 정책 현장에서 발생한 신개발주의 연대의 부상에 즉각적으로 반응했던 것처럼, 우리나라의 수용자들도 국내 시장에서 창조적인 콘텐츠들의 출현에 아주 빠르게 반응했다. 첫째, 우리 국민들은 강력한 검열이라는 제한으로부터 자유로워진 이 새로운 콘텐츠들 속에서 자신들의 사회적 맥락과 일상적인 문제들이 여과 없이 재현되는 것을 목도하기 시작했으며, 따라서 한국의 문화 콘텐츠가 저급하고 '유치하다'는 오래된 고정관념을 버리기 시작했다. 이로 인해 기존에 시장을 지배하던 외국 콘텐츠들이 자신들에게 주지 못했던 공감적 즐거움을 국내 콘텐츠 속에서 발견하기 시작했는바, 이것이야말로 국민의정부와 참여정부에서 발생한 폭발적인 국내시장 성장의 가장 중요한 이유로 고려될 수 있을 것이다(예: 음악시장 568%, 영화시장 465%, 방송시장 317%).

수용자들의 두 번째 인식변화는 문화산업의 가치와 연관된 것이다. 필자가 인터뷰한 국민의정부 시절 문화부 장관에 따르면, 당시만 해도 문화부가 여타의 부처들에게 문화 영역이 비단 '소비'만이 아니라 '생산'과도 연결될 수 있음을 설득하는 것조차 극도로 어려웠다고 한다. 비록 대통령이 고위공무원들과의 첫 대화 모임에서, 이 문제를 꺼내 들고 아주 분명하게 자신의 입장을 각인시키며 타 부처의 의식 전환을 촉구하기는 했지만, 대통령이 유사한 방식으로 문화산업에 관한 국민들의 의식을 전환시킬 수는 없는 노릇이었다. 특별히 당시만 해도 문화산업은 통속적(vulgar) 대량문화의 일부로서 청소년들에게 유해한 측면이 많다는 인식이 여전히 강력한 위세를 떨치고 있었다. 그럼에도 불구하고 분명한 차별성을 보이는 새로운 콘텐츠들이 장르를 가로질러 속속 등장하게 되고 그들 중 몇몇이 거대한 상업적 성공을 거두게 되면서, 국내의 수용자들과 미디어들은 자국 문화산업의 증진된 창조성을 인정할 수밖에 없었으며 이를 통해서 그 영역이 지니고 있는 잠재적인 경제적 가치에도 서서히 눈을 뜨게 되었던 것이다.

4~5단계: 새로운 준정부조직과 자발적 참여를 통한 새로운 인프라 형성

4단계: 이와 같은 초기의 전환점들을 목도하면서, 신개발주의 연대는 본격적으로 '팔길이 원칙'에 입각하여 기존하는 준정부조직을 총체적으로 변환하거나 새로운 준정부 조직을 설립하는 단계로 접어들게 된다. 전자의 사례로는 단연 영화진흥위원회를 꼽을 수 있고, 후자의 대표적인 사례로는 문화콘텐츠진흥원을 꼽을 수 있을 것이다. 어느 쪽이건 간에 이러한 준정부 조직들은 과거 '규제와 처벌'을 주목적으로 삼고 있던 기관들과는 달리 진정한 의미에서 '진흥과 지원'을 목표로 삼고 설립 및 운영된 기관들이라고 할 수 있다. 문화부는 '선봉'의 지위를 업계에서 "모셔온" 전문가들에게 양도하였으며, 그들이 상당한 자율성과 권한을 가지고 관련 정책을 입안하고 해당 기관을 운영할 수 있도록 배려했다.

'관'이 이끌던 개발시대의 관습과 결별하면서, 관련 업계의 세밀한 사항을 잘 알고 있었던 이 민간 전문가들은 문화산업관련 진흥기관들을 해당 산업의 현실과 유기적으로 결합시킬 수 있었으며, 이로 인해 과거에는 무시되거나 피상적으로만 다루어졌던 업계의 필요와 요구를 충족시키는 새롭고 적절한 정책들을 준비하고 실행할 수 있게 된다(이연정 외, 2005: 142). 문화부는 이 전문가들과 새로운 진흥 조직들을 충분히 신뢰하고 지원했다. 두 사람의 전직 차관들이 증언하는바, 당시 문화부는 산업체들을 "내버려 두고, 꼭 필요하다고 도움을 요청하는 경우에만 지원해야 한다"는 생각을 갖게 되었으며, "주인들이 마당을 잘 거닐 수 있도록 장애물들을 빠르게 치우고, 그 자신도 빨리 비켜서서 장애물이 되지 않는 것"이야말로 가장 중요한 사명이라는 인식에 도달하였다. 이것이 바로 문화산업정책의 부상이라는 과제를 앞에 두고 문화부가 기꺼이 새로운 준정부 조직들에게 움직일 공간과 힘을 나누어준 까닭이라고 할 수 있다.

5단계: 이처럼 중앙부처가 정책 현장에 마련해준 공간으로 민간 전문가들이 뛰어들었듯이, 다음으로는 문화부와 진흥기관들이 새롭고 적절한 정책들을 통해서 산업 현장에 마련해준 공간으로 뛰어난 인재들과 상당한 양의 투자가 자발적으로 모여들게 된다. 이 두 번째 도약을 이해하기 위해서는 한국사회의 독특한 성격에 관심을 기울일 필요가 있다. 한국문화콘텐츠진흥원의 설립에 기여했던 한 민간 전문가는 이를 "냄비근성"의 긍정적인 차원으로 이해할 필요가 있다고 주장했다. 우리 민족에게는 매우 강렬한 공동체적 에너지가 있는바, 이 에너지의 방향에 대한 사회적 합의가 이루어지지 않을 경우에는 끊임없는 소음과 갈등이 발생하지만, 일단 사회적 합의가 이루어지면 활성화된 에너지가 일반적인 기대를 훨씬 초월하는 성과로 이루어진 경우가 많다는 설명이다. 1960년대 중후반 이후의 압축적 산업화와 1980년대 말 이후의 급격한 민주화가 대표적인 사례라고 한다면, 1990년대 후반부터 이루어진 디지털 빅뱅과 문화발전은 '민주화 이후의 산업화'라는 새 시대의 의제로서 한국 사회의 집단적인 에너지에 새로운 형식 또는 목표를 부여한 것으로 볼 수 있다는 것이다.

보다 구체적으로 짚어보자. 우선 문화산업에 대한 일반 국민들의 인식이 변화하고 그것이 지속되는 것에 용기를 얻은 문화부가 뛰어난 민간 전문가들로 구성된 진흥기관들과 힘을 합하여, '환경 인프라'와 '투입 인프라'를 구축하기 위해 새롭고 적절한 정책들을 입안하고 실행하였다. 시장의 성장과 정부의 의지를 전례 없는 기회의 시그널로 받아들이면서, 한국의 인적 자본과 금융 자본은 새롭게 부상하고 있는 '국가기간산업'으로 맹렬하게 뛰어들었는바, 이에 화답하면서 정부는 보다 공세적인 유인책과 지원책을 쓰는 단계로 나아가게 된다.[10] 이와 같은 정책공동체의 전략적인 노력들이 없었다면, 한국 문화산업이 그처럼 많은 인재와 투자를 유치하게 되기까지는 훨씬 더 오랜 시간과 에너지가 들었을 것이 분명하다.

---

10 이 단계에서부터 창조성의 긍정 강화(positive consolidation)가 본격화되었다고 할 수 있을 것이다. 곧 병역 특례의 혜택이나 기존 교육기관에 대한 지원 확대, 새로운 교육기관의 설립 등을 통해 인재 유인에 더 큰 힘을 쏟았고, 마찬가지로 문화산업의 각 장르들을 위한 매칭 펀드나 특수목적회사와 같은 새로운 제도를 도입함으로써 사업체들이 보다 안정적으로 자금을 운용할 수 있도록 다방면의 노력을 기울였다.

6~8단계: 수출 확대 협력, 국제적 인식 변화, 한류에 대한 증폭된 관심

6단계: 수출 주도 산업화(EOI)라는 대한민국의 특수한 역사에 기인하여, 문화산업 가치사슬에 대한 국가의 개입 역시 처음부터 해외시장의 개척과 확산에 초점을 맞추어왔다. 예컨대, 최초의 문화산업 관련 중장기 계획인 『문화산업발전 5개년 계획』(1999)은 중간의 2년을 '국제 경쟁력 강화'라는 목표에 집중시켰는데, 그 이후로 해외시장을 위한 전략적 상품을 개발하는 것은 주요 정책목표에서 단 한 번도 빠진 적이 없었다. 따라서 문화부와 문화산업 진흥기관들이 국내시장의 성장을 목도하는 가운데 문화산업 수출 부문에 점점 더 많은 관심을 기울이게 된 것은 이상한 일이 아니다.

수출 확대를 위한 정부의 개입은 '선택과 집중'이라는 원칙에 기반하고 있었으며, 두 가지 즉각적인 결과를 초래했다. 하나는 수출을 준비하는 회사들 사이의 경쟁이 치열해진 것이고, 다른 하나는 이 경쟁에서 승리한 회사들이 정부와 매우 밀접한 협력을 하게 된 것이었다. 정부는 '높은 잠재력'을 가진 업체들에게 해외시장에 대한 필수적인 정보를 제공하거나 해외 견본시 참가를 지원하는 등 상당한 정성을 기울였다. 직간접적으로 '스타' 콘텐츠의 생산 및 유통을 위한 자금조달을 돕기도 했고,

다양한 표창이나 훈장들을 통해서 그들의 성취를 격려하기도 했다. 이것은 개발국가 시대의 수출확대 전략과 상당히 유사한 그림이라고 할 수 있는데, 핵심적인 차이는 이번에는 채찍이 없었다는 점이다. 한국문화콘텐츠진흥원의 원장을 두 차례 역임한 인사에 따르면, 초반부의 도약기에는 "한국 문화산업에 종사하는 업체들이 매우 작았기 때문에" 회사들과 정부/진흥기관 사이의 밀접한 협력이 상당히 중요한 역할을 했다. 한류가 한국 정부가 의도적으로 기획하거나 지원해서 일어난 것이 아니라 중화권 수용자들에 의해서 자발적으로 발생한 것임은 분명하지만, 그것의 지속과 성장이 오늘날 널리 인정되듯이 그토록 인상적일 수 있었던 데는 위와 같은 정부의 노력이 자리하고 있었다는 것이다.

7단계: 이러한 노력을 통해서 국내 문화산업 시장의 성장을 견인했던 것과 유사한 메커니즘이 해외시장의 개척 단계에도 그대로 적용되었다. 즉 새로운 소재를 다루는 "창조적인 콘텐츠들이 등장하면서, 한국 상품과 브랜드에 대한 수용자들의 인식이 전환되는 현상"이 해외에서도 발생한 것이다. 전직 문화부 차관이 단언하듯이, "한국에서 표현의 자유가 공산독재국가들 바로 다음에 위치"할 정도로 취약하던 시절에 한국의 문화산업 관련 회사들이 해외 수용자들에게 의미 있고 감동적인 문화 콘텐츠를 만든다는 것은 생각하기도 힘든 일이었다. 자국

시장에서도 "유치하다"고 여겨지면서 외면당하는 콘텐츠들을 어떻게 적극적으로 해외에 수출할 수 있단 말인가? 하지만 새로운 내용과 형식의 콘텐츠들이 생산되기 시작하면서, 한국 문화산업의 수출 역시 빠르게 확대되기 시작했다.

이 단계에서부터는 정부의 개입보다는 민간업체들 간의 경쟁이 보다 중요해지는 시점이 시작된 것으로 이해해도 좋을 것이다. 해외시장을 둘러싼 경쟁 과정에서 한국 기업들은 전에는 꿈도 꾸지 못했던 여러 실험들을 통해 필수적인 지식과 노하우들을 축적하고 공유할 수 있었으며, 한국적 콘텐츠라는 브랜드를 외국의 수용자들 사이에 서서히 각인시키게 된다.[11] 〈쉬리〉(1999)와 〈공동경비구역 JSA〉(2000) 등 새천년 전환기의 흥행 영화들이 한국영화에 대한 국내 수용자들의 인식 변화에서 상징적인 전환점이 되었듯이, 약 2~3년 후에 등장한 〈겨울연가〉(2002)와 〈대장금〉(2003) 등 빼어난 TV 드라마들이 국제적인 차원에서 아주 유사한 전환점을 만들어주었다. 한국 드라마,

---

11 문화콘텐츠진흥원 초기에 본부장을 역임한 인터뷰 대상자에 따르면, 이러한 상황을 인식하게 되면서 한국의 문화산업 업체들 사이에는 "단지 국내 시장만이 아니라 착수 단계에서부터 해외시장을 겨냥한 콘텐츠"를 기획하고 생산하는 것이 더 이상 선택이 아니라 필수라는 인식이 자리를 잡게 되었다.

한국 영화, K-Pop으로 구성된 '트로이카 산업'은 스타 시스템을 공유하면서 한국 콘텐츠들에 대한 해외 수용자들의 인식변화를 효과적으로 자극하는 데 성공했다.[12]

---

12 이러한 인식변화는 당시 아시아 각국에 나가있던 외교관들의 입을 통해서 매우 명징하게 드러난다(한겨레, 2005.2.25): "외교관 모임에 가면 부인들이 아홉 시 전에 집에 가서 대장금을 봐야 한다고들 했죠. 지난 선거 때는 한 여성 후보가 대장금에 나오는 한복을 입고 유세했습니다. 정치에서도 한류를 활용하고 한국 옷과 음식에 대한 인기도 높아졌죠. 또 1992년 단교한 뒤 한국 이미지가 대단히 나빴는데 한류 뒤 바뀌었어요. (황용식 타이베이 한국대표부 대표) / 2002년에 소개된 〈겨울연가〉의 인기가 폭발적인 건 틀림없습니다. 제가 2003년에 말레이시아 장관을 예방하러 갔더니 비서부터 한국 대사라고 반기더군요. 자기가 겨울에 꼭 한국에 가겠다면서요. 그곳 과학기술부 장관은 겨울연가의 영상기술까지 설명을 하더라고요. 페낭에서는 국왕과 당시 부총리가 참석한 행사 중에 사회자가 겨울연가 주제곡을 부르겠다고까지 했어요. 귀빈들이 다 절쳐다보더라고요. 그때까지 겨울연가를 안 본 저는 창피해서 며칠 동안 밤을 새워 봤습니다. (이영준 말레이시아 대사) / 우즈베키스탄에서 한류는 한마디로 폭발적입니다. 지난해 겨울연가를 방송했는데 시청률이 60%를 기록했어요. 사상 처음이랍니다. 지난 주말에 제가 각국 대사들이 출연하는 라디오 생방송에 나갔는데 사회자가 한국 대사가 나오자 청취자 질문이 보통 때보다 3배 더 많이

8단계: 지금까지 살펴본 '선순환 구조'의 마지막 단계는 이와 같은 해외에서의 반응이 역으로 우리나라에 영향을 미치면서 그 출발점이었던 새로운 문화정책 공동체를 강화시키는 단계이다. 이것은 무엇보다 아시아 전역에 걸쳐서 한류가 강력하게 부상하면서 한국인들이 자국의 문화산업에 더욱 많은 관심을 기울이게 되었기 때문에 가능한 일이었다. 한국 업체들, 그

왔다고 하더라고요. 겨울연가 때문이랍니다. 또 일요일 저녁 8시 황금 시간대 텔레비전 방송에도 나가게 됐는데 그것도 한류 때문이었어요. (문하영 우즈베키스탄 대사)" / 여타 산업과 마찬가지로 문화산업에서도 동아시아의 맹주를 자처하던 일본 역시 이 새로운 흐름으로부터 자유롭지 못했다. 일본의 한 국회의원이 동아일보(2004.10.14)에 전송한 기고문에 따르면, "축구를 통해 한국과 훨씬 가깝게 되었지만 지금 일본은 그것만이 아니다. 한류(韓流)라는 강력한 소용돌이에 휩쓸리고 있다. 고이즈미 준이치로 총리도 드라마 '겨울연가'의 주인공 배용준(일본에서는 용사마로 불린다)의 인기가 자신보다 높다고 말했을 정도로 한류가 일본 정계에 미치는 영향은 크다. 요즘은 지자체 선거 입후보자에게 기자들이 "겨울연가를 보았는가"라고 질문하는 세상이다. 드라마를 본 후보는 가슴을 펴고, 보지 못한 후보자는 이리저리 구차한 핑계를 댄다. '겨울연가'가 일본 정치를 좌우하고 있는 셈이다. … 한류의 영향으로 어느 때보다 많은 일본인이 방한하고 있다."

중에서도 특히 삼성과 LG 같은 기업들은 자신들의 상품 마케팅이나 프로모션, 브랜드 가치의 제고 등에 있어서 한국 문화 콘텐츠가 갖는 경제적 가치에 큰 관심을 갖게 되었다(e.g. 삼성경제연구소, 2005). 외교부는 아시아 각국에서 한류가 발휘하는 외교적 가치를 믿게 되었으며, 교육부는 외국 유학생들을 유치하거나 해외에서 한국어 교육을 진흥하는 데 한류가 갖는 영향력을 깨닫게 되었다. 그 결과, 한류는 정부에서 문화부의 영토를 훌쩍 뛰어넘는 화두로 성장하게 된다. 예컨대, 2004년 12월 21일 당시 국무총리는 자신이 주재한 국무회의에서 모든 부처들이 한류를 일시적인 사건이 아니라 지속 가능한 문화적 교류와 경제적 효과를 담보하는 것으로 만들기 위한 대책을 준비하도록 명령했다(서울신문, 2004.12.22). 이런 식의 정부 노력은 해가 갈수록 증가하였는데, 가령 일 년 쯤 후에 개최된 국무회의에서 같은 총리는 16개 부처들로부터 어떻게 한류를 지원할 것인가에 대한 보고서를 전달 받았으며, 각 장관들에게 이제는 한류가 아시아를 넘어서 확산될 수 있는 방안을 생각해보도록 권고했다(내일신문, 2006.1.18). 문화부는 이처럼 한류라는 현상을 경유하여 정부 전체가 한국의 문화산업에 대한 비약적인 관심과 긍지를 갖게 된 것을 새로운 문화산업정책의 성공을 보여주는 결정적인 증거로 파악했으며, 이것은 이제 (첫 단계로 돌아가서) 해당 정책공동체의 공식적 참여자들과 비공식적 참여자들 간에 맺어진 신개발주의 연대를 강화하는 결과를 낳았다.

한류가 강한 이유? 정책-산업-콘텐츠의 선순환 구조!

이제 우리의 네 번째 여정의 결론을 정리할 시간이다. 요약하자면, 한류 초기의 선순환 구조는 '①새롭고 강력한 정책공동체의 형성 → ②창조적인 콘텐츠의 출현 → ③국내 수용자의 인식변화(자국 콘텐츠 + 문화산업 영역) → ④전문성을 갖춘 준정부 조직의 활약 → ⑤자발적인 재정 및 인적자본의 쏠림 → ⑥국내외 시장을 둘러싼 민간기업들의 치열한 경쟁 → ⑦해외 수용자의 인식변화(한국 콘텐츠 + 국가 브랜드) → ⑧국내의 인식변화 강화 및 한류에 대한 관심 증폭'이라는 매우 복합적인 과정을 통해서 만들어졌다.

한류의 확산은 '신개발주의 문화정책'의 핵심 논리로서 창조성의 부정 강화와 긍정 강화의 '단계적 발전'이 분명하게 현실화된 사례로서, 우리의 문화정책이 소위 선진국들과는 상당히 차별화된 방식으로 문화현장의 혁신과 성과를 추동해왔음을 보여준다. '한류의 역사적 발전 단계'에서 함께 살펴보았듯이, 정책-산업-콘텐츠의 선순환구조를 통해 형성된 한류의 강력한 힘은 아시아에 머무는 대신, 5대양 6대주로 쉬지 않고 뻗어나갔다.

특히 2017년 이후 BTS와 블랙핑크의 약진, 〈기생충〉과 〈미나리〉를 필두로 한 한국영화의 선전, 넷플릭스라는 플랫폼을 기반으로 이루어진 〈킹덤〉, 〈사랑의불시착〉, 〈이태원클래스〉, 〈오징어게임〉, 〈이상한 변호사 우영우〉 등 K-Drama 소비층의 확대 등은 한층 더 강력해진 한류의 힘을 보여주고 있는 중이다. 한류는 다양한 국지적 저항에 효과적으로 대응하면서, 세계인의 감성에 일치하는 내용과 형식을 통해 스스로를 재구성하면서, 그 어느 때보다 강력한 성공 신화를 써 내려가고 있다.

Chapter 5. 한류는 대한민국에 무엇을 제공했는가?

앞 챕터에서 살펴본 핵심 요인들과 그 요인들이 빚어낸 시너지적 매커니즘을 통해 한류는 다층적인 효과를 창출해왔다. 전 세계로 확산하는, 일시적이 아닌 지속적인 트렌드로서, 한류의 파급효과 역시 많은 연구자들의 관심을 받아왔다. 따라서 우리의 다섯 번째 여행지는 지난 20여년에 걸쳐 한류가 대한민국에 무엇을 제공했는지에 관한 것이다. 사회적, 문화적, 정치적, 경제적, 산업적, 외교적 영향 등 수많은 파급효과들이 발견 및 검증되었고, 실제로 이러한 효과들이 차곡차곡 쌓이면서 대한민국의 국가브랜드는 엄청나게 상승했다. 만약 한류가 없었다고 생각해보자. 세계 10위권에 육박하는 경제력과 군사력은 물론 자랑할 만한 것이다. 하지만 단지 경제력과 군사력, 즉 하드 파워만으로 한국이 역사상 최초로 UN이 인정하는 선진국 진입국가가 될 수 있었을까? 그렇지 않다. K-Pop, K-Drama, K-Movie 등이 이끌어온 강력한 문화적 영향력, 즉 소프트 파워가 없었다면 이는 여전히 요원한 일이었을 것이다.

한류의 성공 요인에 관한 다양한 연구들

문화정책 연구자로서, 필자는 상당한 숫자의 한류 관련 유튜브 채널을 매일 확인한다. 전 세계의 다양한 매체를 탐색하면서 신문 기사, 방송 클립, 심지어 유의미한 SNS 댓글들까지 세세하게 발굴하고, 요약하고, 번역하는 유튜버들의 노력으로, 이제 우리는 오대양 육대주의 한류 관련 동향을 너무나도 편하게 그리고 풍성하게 확인할 수 있게 되었다. 한류와 관련된 이슈와 반응을 점검하는 것이 필자에게 일과로 자리 잡은 것은 2007년, 영국에서 공부를 시작하면서부터였다. 그때는 다음(DAUM) 포털사이트의 〈한류열풍사랑〉이라는 커뮤니티를 통해서 세계인들의 반응과 주요 언론의 논조를 하루도 빠짐없이 확인했다. 2000년대 중반의 〈한열사〉 운영진과 2020년대 초반의 한류 채널 운영자들에게 감사를 드린다. 하지만 일종의 직업병일까? 유튜브를 아무리 검색해도, 전문 연구자들이 이 주제에 대해 어떠한 관점을 가지고 있는지를 살펴보아야 비로소 마음이 편안해진다. 다음은 필자가 주목한 한류의 효과에 대한 선행연구들이다.

표 9 **한류의 파급효과에 대한 선행연구 분석**

구분	연구 주제
황인석 외 (2008)	한국 대중음악 만족도가 한국 호감도 및 한국 문화상품 구매의도에 미치는 영향
오춘호 외 (2009)	영상과 게임 콘텐츠 수출이 기업 수익에 미치는 영향 (유의미한 영향을 검증 하지는 못했으나, 관련 영향을 도드라지게 하기 위한 여러 가지 방안 제시)
한충민 외 (2011)	한류가 한국 화장품 브랜드의 이미지에 미치는 영향(중국 시장 분석, 한류를 통한 국가 이미지 형성의 영향력은 "개별기업의 브랜드 광고 보다 훨씬 효율적일 수 있음"을 지적. "많은 비용을 들여 브랜드 광고를 하기 보다는 한류 스타를 통한 국가 이미지 제고 노력이 브랜드 이미지 제고에 더 효율적"이란 결론)
서병문 (2012)	한류의 다양성과 글로벌 확산을 위한 방법론 고찰(전반적인 현상 및 효과 확인)
최문성 (2012)	한류가 우리나라 수출에 미치는 효과(기본모형 및 수정모형 모두에서 한국의 수출에 있어 한류는 양(+)의 효과를 가지는 것으로 분석됨. 또한 한류의 진행단계에 따라 수출 증대의 차이가 존재하는 것으로 나타나, 한류의 진행수준이 높을수록 더 큰 수출효과가 있음을 확인)
유경진 외 (2014)	중국인들의 K-POP 이용이 한국과 한류에 대한 호감도에 미치는 영향(긍정적)
이원준 외 (2016)	한류에 대한 만족도가 한국의 국가이미지와 방문의도에 미치는 영향(중국 대상 조사로 한류 만족도는 한국의 문화 이미지와 경제 이미지 모두에 긍정적인 영향을 미치고, 한국의 국가 이미지는 다시 방한의도에 긍정적 영향을 주는 것을 확인)

구분	연구 주제
굴누르 외 (2016)	한국 국가이미지와 한류의 영향에 따른 한국 제품 구매의도 분석(국제마케팅측면에서 카자흐스탄에서 한류의 효과를 강조하면서, 기존 한국의 경제적 이미지 보다는 한국의 문화, 무형의자산 등을 활용한 마케팅 활동이 카자흐스탄에서 더욱 구매의도를 높이는 요소로 작용할 수 있다고 결론)
김도희, 박병진 (2016)	한류콘텐츠 경험이 국가 이미지, 한류콘텐츠 만족도 및 충성도에 미치는 영향 (유럽 신한류 잠재소비자를 대상으로 한 조사로, 한류 콘텐츠 경험은 아직 그들의 국가 이미지에 유의한 영향을 미치지 못하는 것으로 나타났으나, 한류콘텐츠경험과 국가 이미지는 콘텐츠에 대한 소비자 만족에 유의한 영향을 미치는 것으로 분석. 또한 한류콘텐츠의 소비자 만족은 충성도에 유의한 영향을 미치고 있음)
반티뀌민, 전범수 (2021)	한국 및 한류 스타 이미지가 베트남 여성들의 한국 드라마와 영화 이용의도에 미치는 영향(베트남 여성들의 한국 이미지가 한국 영상 콘텐츠 이용의도에 어떠한 영향을 미치는지 다중회귀분석을 통해 고찰하여, 역으로 한국 이미지가 한국 콘텐츠 이용 의도에 직접적인 영향을 미치고 있음을 보임)

이상에서 정리한 연구 결과들을 더 세세히 분석할 필요는 없을 것이다. 지나친 학구열이 자칫 우리 여행의 흥미를 반감시킬 수 있기 때문이다. 고로 결론을 선취하고자 한다. 기존 연구들의 관점을 개략적으로 종합하자면, 한류의 효과는 크게 다음의 세 유형으로 집약해볼 수 있다. 유형별로 짚고 넘어가야 하는 내용들이 있다.

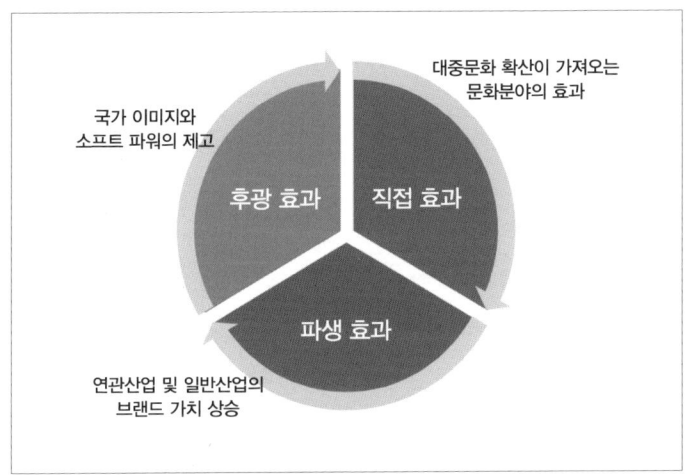

그림 4 한류의 파급효과에 대한 유형 구분

한류의 직접 효과: 대중문화 확산이 가져오는 문화 분야의 효과

첫째로, 한류의 '직접 효과'는 대중문화 확산이 국내외에서 초래한 사회문화적·문화경제적 효과를 의미한다. 그 정의에서도 살펴보았듯이, 한류가 일시적 유행을 넘어선 지속적 인기와 관심의 대상으로서 전 세계에 영향을 미치게 됨에 따라, 해외 수용자들은 일차적으로는 영화, 드라마, K-Pop의 주인공들인 한류 스타들에 대해 관심을 갖게 된다. 다음으로는 그 스타들이 극 속에서 또는 일상 속에서 먹고, 마시고, 즐기고, 입는 것들에 대해서도 관심을 갖게 된다(서병문, 2012: 127). 다시 말해서, 한국 대중문화에 대한 관심이 스타덤/팬덤을 경유하여 한국어, 한국음식, 한국 패션 등 한국 문화 전반에 대한 관심으로 자연스럽게 확산되는 것이다.

이러한 관심은 단순히 한국(의 이미지)에 대한 선호에 그치는 것이 아니라, 자신이 살고 있는 곳에서 한국적인 삶의 방식을 접합(articulation)하는 것으로 이어지는데, 이 과정에서 문화적 교류의 다각적 효과, 가령 사회적 친밀감이나 경제적 가치 창출 등의 효과가 나타나게 된다. 표 10은 2000년부터 2018년까지 한국 문화산업 또는 콘텐츠산업의 수출액을 정리한 것이

표 10 **한류 수출액의 변천(2000~2018)** (단위: 천달러)

연도	2000	2006	2012	2018
계	495,339	1,373,158	4,611,505	9,615,036
출판	211,153	0.42	248,991	248,991
만화	370	184,867	40,501	40,501
음악	7,923	3,917	564,236	564,236
게임	101,500	16,666	6,411,491	6,411,491
영화	7,054	671,994	41,607	41,607
애니메이션	85,000	24,515	174,517	174,517
방송영상	13,111	66,834	478,447	478,447
광고	-	133,917	61,293	61,293
캐릭터	69,228	75,981	745,142	745,142
기타	-	189,451	848,811	848,811

다. 지속적이면서도 비약적인 성장세가 이어지고 있음이 주목되며, 2019년에는 드디어 백억 불이 넘는 콘텐츠산업 수출액($10,189,026)을 기록하였다.

한류의 파생 효과: 연관산업 및 일반 산업의 브랜드 가치 상승

한류의 직접적인 효과로서 콘텐츠산업 수출액이 지난 20년간 연간 5억 달러에서 연간 백억 달러로 증가했다는 사실은 매우 놀랄만한 일이다. 하지만 한류의 산업적·경제적 효과는 비단 문화 분야에만 그치지 않는다. 두 번째로 살펴볼 한류의 '파생 효과'란 애초에 그것을 위해 창조된 것은 아니지만 '직접 효과'를 바탕으로 자연스럽게, 연쇄적으로 발생하는 효과로서, 주로 한국산(made in Korea) 연관 산업이나 일반산업의 브랜드 가치가 해외에서 상승하는 현상으로 집약될 수 있다.

언론이나 학계에서는 이러한 파생효과를 주로 특정 제품이나 기업에 미치는 영향을 통해서 확인하고 있다(굴누르 외, 2016; 최문성, 2012; 한충민 외, 2011). 해외의 한류 팬들이 자신들의 경험을 바탕으로 어떻게 한국 상품이나 한국 관련 활동에 반응하는지를 다루는 위 연구들은 중국, 일본, 유럽, 미국 등 세계의 여러 지역들을 대상으로 삼고 있으며, 정도의 차이는 있지만 한류가 한국 상품의 브랜드 가치 상승에 직접적인 영향을 미치면서, 무시할 수 없는 산업적·경제적 효과를 발휘하고 있음을 검증하고 있다.

한류의 후광 효과: 국가 이미지와 소프트 파워의 제고

마지막 파급효과인 '후광 효과'는 한류의 '직접 효과'와 '파생 효과'가 축적되면서 자연스럽게 형성된 국가 이미지와 소프트 파워 제고 효과를 의미한다. 일종의 아우라(aura)와 같은 역할을 하면서, 한류는 세계인들이 한국이라는 국가 전체에 대해 긍정적인 인식과 태도를 갖는데 중요한 역할을 해온 것이다.

물론 이는 어렵지 않게 예측할 수 있는 효과이다. 한류 팬들은 한류 콘텐츠와 한류 스타에 대한 지속적인 관심을 가지고 개인적 또는 집단적으로 팬덤 활동을 하면서, 자신들의 삶의 영역에서 한국 문화를 소중하게 생각하고 이를 자신들의 삶의 방식에 적용하는 시도를 하고 있다. 게다가 (BTS의 팬덤인 ARMY를 통해 가장 잘 드러나듯이) 이들은 자신들이 만난 한류의 매력을 매우 적극적으로 주변에 전파하는 경향이 있다.

그렇다면, 한류 팬들과 그들의 주변 인물들은 당연히 한국이라는 국가에 대한 긍정적인 이미지를 가지게 될 가능성이 높다(이원준 외, 2016; 유경진 외, 2014; 김도희 외, 2016). 다시 말해서, 한류의 효과는 산업적·경제적 파생효과에 그치는 것이 아니라, 한발 더 나아가서 정치적·외교적 후광효과로 이어지게 된다는 것이다. 물론 한류 '콘텐츠'에서 받은 인상과 믿음이 한국의 현실과 괴리된 것이라고 한다면, 이러한 후광효과는 지속될 수 없을 것이다. 하지만 '코로나 방역'에서 충분히 확인되었듯이, 우리나라의 국가관리 능력이나 시민의식은 이미 구미의 선진국들에 비해 전혀 뒤처지지 않는 것임이 전 세계적으로 공인되었다. 즉 '하드 파워'의 성장에 걸맞은 후광 효과를 초래하면서, 한류는 우리나라의 '소프트 파워'의 성장과 이를 통한 새 시대의 '스마트 파워' 구축에 직접적으로 기여하고 있는 셈이다.

한류가 가져온 파급효과 중에 부정적인 것도 있을까?

동전에는 양면이 있고 빛이 있으면 그림자가 있듯이, 한류의 파급효과 역시 언제나 긍정적이지만은 않았다. 가령 일본의 콘텐츠기업들은 지난 20년간 '잘라파고스화'(Japan+갈라파고스화)로 신음하면서 과거의 명성을 대부분 상실했다. 일부 애니메이션과 게임을 제외하면 영화, 드라마, 대중음악 모두에서 한국 콘텐츠에 점점 밀리고 있는 상황이다. 더 아픈 것은 일본의 십대, 이십대들은 태어나면서부터 이를 당연한 것으로 여기고 있다는 점이다. 반대로 식민사관의 세례를 받고 자라나서, 저개발국가로서의 피독재 경험에 정박한 (일부) 한국인들에게는 주체적이고, 역동적이며, 매우 당당한 한류가 낯설거나 어색하거나 심지어 미심쩍은 것일 수 있다. 미래 세대들이 이끄는 새로운 시대의 도래! 장강의 뒷 물결이 앞 물결을 밀어내듯, 옛 사람들은 새 사람들에게 무대를 내려주고 역사의 뒤안길로 퇴장하지 않을 수 없다. 그러나 2022년 대선에서도 알 수 있었듯이, 저항이 없는 퇴장은 결코 일어나지 않는 법이다.

괄목할 만한 파급 효과는 세 가지 유형으로 엄청 강조하더니, 부정적 파급 효과는 단지 일부 세대 또는 일부 이념에 매몰된 자들이 느낄 심리적 상실감과 허탈감 정도라고? 이렇게 추궁한다 해도, 별 수 없다. 솔직히 말해서, 대한민국에게 그리고 대한민국 국민에게 한류가 제공하는 것은 대부분 밝고 긍정적인 것들이다. 하지만 이러한 한류가 언제까지 지속될 수 있을 것인지를 묻는다면, 문제는 사뭇 달라진다. 사실 한류의 초기부터 국내외에서는 한류가 지속될 수는 없는 현상이라는 전망이 끊이지 않았다. 그러나 지난 25년에 거쳐 한류는 단지 지속되었을 뿐만 아니라, 눈부신 성장세를 거듭해왔다. 그럼에도 불구하고, 우리는 아직 '압도적인 (근대화) 역사'를 자랑하는 서유럽이나 '압도적인 국력'을 자랑하는 미국과 같은 조건을 갖추지는 못했기 때문에, 앞으로도 지난 25년과 동일한 사건이 계속될 것이라고 낙관할 수는 없는 노릇이다.

한류의 파급효과를 반감시키는 장애물 또는 걸림돌로는 주로 다음과 같은 네 가지가 언급된다. 혐한류 또는 반한류, 경제 제일주의적 접근, 불균형적 성장, 콘텐츠의 획일성 등이 그것이다(문화체육관광부, 2013: 226-239). 이 문제들에 대해서도 진지하게 성찰해볼 필요가 있다.

걸림돌 하나: 혐한류와 문화우월주의

한류의 효과에 대한 첫 번째 장애물은 중국과 일본 등을 중심으로 일정 정도 세를 형성하고 있는 "혐한류 또는 반한류"의 흐름이다. 혐한류 또는 반한류를 야기하는 원인으로는 불균형적·일방적 한류 전파, 자국의 문화산업 보호 의지, 한류 콘텐츠의 경쟁력 약화, 국가간 정치·사회적 측면 등이 주로 언급된다. 이러한 반작용은 한류의 영향력이 확대되면서 피하기 어려운 자연스러운 현상이라고 볼 수도 있지만, 우리가 지난 이십여 년의 눈부신 성과에 사로잡혀 스스로 문화우월주의에 빠지게 된다면 한류의 근간을 뒤 흔들 가장 큰 위협으로 발전할 수 있다.

독한 '국뽕'에 취한 일부 한국인들이 국내 뉴스 댓글이나 해외 유튜버 채널에 집단적으로 달려가, 자민족중심주의와 문화우월주의의 극단적인 버전을 배설하는 것은 낯선 일이 아니다. 만일 우리가 이러한 일들을 그냥 웃고 넘긴다고 한다면, 이는 혐한류와 반한류를 '정당한' 대응으로 승격시키는 데 일조하는 것이 된다.

걸림돌 둘: 선후가 뒤바뀐 경제 제일주의

둘째는 한류를 경제적 이익만으로 환산하려는 "경제 제일주의"적 접근이다. 경제 제일주의적 접근은 한류가 세계인과의 소통 및 공감을 이끌었을 때 경제적 가치가 자연스럽게 따라오는 것임을 망각하고, 경제적 수익을 최우선으로 고려함으로써 '단기적인' 성공을 빌미로 '장기적인' 쇠락을 초래할 수 있는 함정이라고 할 수 있다.

예컨대, 한 아이돌 그룹의 팬포럼을 대상으로 "디지털 네트워크 시대의 초국가적 온라인 팬덤"을 살펴본 연구(손승혜, 2013)에 따르면, 한류의 팬들은 국가의 경계를 넘어 자신이 선택한 그룹에 대해 적극적으로 정보를 추구하고, 스타 및 여타의 팬들과 함께 놀고 성장하며 즐거움을 얻는다. 하지만 여기에서 그치는 것이 아니라 "초국가적 팬포럼의 회원들은 궁극적으로 이러한 활동을 통해 개인적/심리적 만족과 더불어 문화적 다양성에 대한 열린 태도를 갖게 되고, 문화적 다양성에 스스로 기여하고 있다는 자부심을 형성"해 나가고 있다. 이러한 차원을 이해하고 존중하는 대신, 정부와 기업, 언론 등이 한류를 경제 제일주의적 접근으로 다루게 된다면, 커다란 실망과 함께 연쇄적인 부작용들이 나타날 수 있는 것이다.

걸림돌 셋: 장르, 업체, 지역 간 격차와 불균형

셋째로, 가장 빈번하게 한류의 걸림돌로 언급되어온 또 다른 현상은 바로 불균형성이다. 보다 구체적으로 말하자면, 콘텐츠 장르간, 콘텐츠 업체간, 대상 국가간, 그리고 대중문화-문화예술-전통문화 간에 존재하는 "격차"에 주목할 필요가 있다. 한류의 불균형적인 성장이 한류의 지속가능성 및 효과 확산에 대한 중요한 위협이 된다.

한류 팬덤 면에서는 필자가 '한류 트로이카'라고 부르는 'K-Pop, K-Drama, K-Movie'의 영향력이 절대적인 가운데, 한류 수출액 면에서는 세계 어느 지역에서나 절반 이상이 게임 장르에 집중되어 있다. 또한 다음의 표 11에서도 확인할 수 있듯이, 여전히 중화권 수출이 36.8%, 일본이 19.7%, 동남아 13.4%로 아시아 지역 수출이 전체의 70% 가량을 차지하고 있음도 확인할 수 있다. 한류를 통한 혜택 역시 해당 산업분야의 극히 상층부에 속하는 기업들에 집중되고 있는 것이 엄연한 현

표 11 콘텐츠산업 지역별 수출액 현황(2018년 기준)

구분	중화권	일본	동남아	북미	유럽	기타	합계
출판	17,765	39,911	52,034	72,818	11,351	55,107	248,991
만화	2,461	11,601	8,244	5,295	11,948	952	40,501
음악	111,962	367,335	69,386	7,151	7,038	1,364	564,236
게임	2,981,534	907,991	661,550	1,020,542	418,469	421,405	6,411,491
영화	17,164	4,591	4,664	3,320	1,783	10,086	41,607
애니메이션	7,629	32,681	3,650	91,784	33,031	5,743	174,517
방송	60,540	95,783	24,175	56,916	1,568	37,625	277,146
캐릭터	158,423	68,245	109,025	176,528	153,849	79,072	745,142
지식정보	56,505	244,087	281,154	29,036	11,663	11,432	633,878
콘텐츠솔루션	27,783	70,390	40,276	24,720	27,382	24,401	214,933
합계	3,441,766	1,842,614	1,254,700	1,488,111	678,061	647,186	9,352,442
비중(%)	36.8	19.7	13.4	15.9	7.3	6.9	100.0

자료: 문체부(2020b)

실이다.

걸림돌 넷: 콘텐츠의 획일성

마지막으로는 대표적인 한류 콘텐츠의 "획일성", 곧 K-Pop이나 K-Drama가 실험성과 다양성을 추구하는 대신에 일부 유사한 내용과 형식을 반복하고 있다는 것도 주요한 한계로 지적된다. 물론 현재까지는 한류 콘텐츠들이 대체적으로 아시아지역에서는 '세련된 것'으로 받아들여져 왔고, 서구에서는 선진국 진입과 맞물려 '신선한 것'으로 받아들여지고 있으나, 선진국과 개발도상국을 매개하는 이러한 지위 또는 위치의 혜택이 언제까지 지속될 수 있을 것인지는 고민해볼 문제이다.

지속적인 혁신이 가능한 경쟁과 협력의 토양, 특히 거대 기업들의 영향력에서 개인과 작은 기업들이 자유롭게 창의성을 발휘할 수 있는 환경을 만들어가야 하는 쉽지 않은 과제가 우리 앞에 놓여있는 것이다.

성과와 한계의 변증법: '넥스트 한류' 시대를 위하여

요컨대, '넥스트 한류' 시대, 'Beyond-K' 시대, 또는 '한류 5.0' 시대를 위해서는 한류의 긍정적인 면과 함께 부정적인 면을 동시에 포착해야한다. 문화우월주의, 경제 제일주의, 불균형적 성장, 콘텐츠의 획일화 등의 문제들에 대한 적절한 처방이 이루어지지 않는다면, 가능태(可能態)로서 주어진 '한류의 새로운 패러다임'이 현실태(現實態)로 우리 앞에 도래하는 것은 요원할 수밖에 없다. 이는 현재 우리가 누리고 있는 한류의 직접 효과, 파생 효과, 후광 효과가 침식되는 결과로 이어질 것이며, 종국적으로는 '한류'가 역사책에서나 확인할 수 있는, 몇 십년간의 달콤했던 경험으로 박제되는 결과를 낳을 수도 있다.

Chapter 6. 15년 뒤, 한류는 여전히 세계를 호령하고 있을까?

미국의 정론지 〈뉴욕 타임스〉의 2021년 11월 3일 기사 제목은 다음과 같다.[13] "BTS에서 오징어게임까지: 어떻게 한국은 문화적 거물이 되었는가?" 한 때 주로 "자동차와 휴대폰"으로 알려졌던 한국이 이제는 "전 세계의 수용자들"을 매료시키고 있으며, 이러한 현상은 "하루 밤 새에 이루어지지 않았다"는 내용이다. 자동차와 휴대폰 관련 기술을 초기에 일본이나 미국에서 수입했던 것처럼, 한 때 선진국들의 문화적 자산을 수입하고 모방하기에 바빴던 한국이, 이제는 블랙핑크(K-Pop), 〈오징어게임〉(K-Drama), 〈기생충〉(K-Movie)에서 알 수 있듯이 마치

---

[13] New York Times (2021.11.3.) From BTS to 'Squid Game': How South Korea Became a Cultural Juggernaut

"삼성 스마트폰처럼" 전 세계 어디에나 자신들의 문화콘텐츠를 수출하는 나라가 되었다는 것이다.

〈뉴욕 타임스〉는 2021년 9월 옥스퍼드 사전에 한국어 단어 26개가 무더기로 등재된 사실 역시 놀라움을 담아 전하고 있다. 옥스퍼드 사전 측에서 선언했던 "우리는 모두 한류라는 파도의 정점에 올라타 있다"는 인식이 세계 곳곳에서 격한 동의를 이끌어내고 있는 셈이다. 물론 문화우월주의, 경제 제일주의, 불균형적 성장, 콘텐츠의 획일화 등의 문제는 한류의 지속성을 위협한다. 하지만 필자는 솔직히 앞으로도 한 세대는, 조금 더 겸양을 갖춰 말하자면, 적어도 십 오년은 "한류라는 파도"의 정점이 얼마나 높은지 세계인들이 계속 놀라운 눈빛으로 목도하게 될 것이라고 믿고 있다. 이번 챕터에서는 그 이유를 세 가지 차원에서 탐색해보고자 한다.

미래 한류의 주역, Z세대가 온다!

오늘날 사용하는 세대(generation) 개념은 칼 만하임의 『세대문제』(1928)라는 논문에서 본격적으로 다루어진 것으로, 인성이 확립되는 청(소)년기에 유사한 경험을 공유하면서 같은 생각과 가치관을 가지게 되는 인구 집단을 지칭한다. 특별히 이러한 인구집단을 '코호트'(cohort), 즉 '공통적인 특성을 가진 인구 집단'이라고 부른다.

한류가 중화권과 아시아를 넘어 전 세계적 영향력을 발휘하게 된 '4단계 한류(2017-2021)' 시기에 청소년기를 보낸(보내고 있는) 코호트 세대는 Z세대라고 할 수 있다. 'Z세대'(Zoomers)는 1997~2012년에 출생한 연령층으로, 2017년 5~20살이었으며, 2021년 현재 9~24살(십대와 이십대 초반)이다. 이들은 'X세대'(1965~80)의 자녀로, 고도의 기술 환경 속에서 태어나고 자랐으며 따라서 인터넷, 핸드폰, SNS 등으로 대표되는 디지털 문화에 일체화된 '디지털 원주민'이라는 독특한 위상을 가지고 있다(정종은, 홍성태, 최보연, 박승환 외, 2021).

Z세대는 또한 정치적으로 가장 진보적인 세대로 파악된다. 새 천년의 도래와 함께 태어난 Z세대는 어려서부터 인권과 정치에 대해 잘 교육을 받았기 때문에 사회의 모든 영역에서 권리를 적극적으로 추구하는 세대로, 미국에서 트럼프 대통령에 대한 반대가 가장 극심했던 세대가 Z세대로 알려져 있다. 따라서 이들 Z세대는 인종-민족 차별에 강하게 반대하고, 성 (소수자) 평등을 강력히 지지하는 성향을 보인다.

K-Pop을 필두로 한 한류가 2010년대 이후 북미와 서유럽 같은 소위 '전통적인' 선진국에서 널리 확산할 수 있었던 데에는 이처럼 디지털 원주민이자 문화다양성을 강력히 지지하는

Z세대의 역할이 매우 중요했던 것으로 파악된다. Z세대가 10대와 20대 초반을 보내는 시기에 한류는 글로벌 메인스트림으로 진입했다. 자신들의 십대 라이프 스타일에 강력한 영향을 미친 '한류'경험을 공유한 코호트 세대로서, 이들이 30대, 40대가 되었을 때는 어떠한 일이 벌어질 것인가? 세대론적 관점에서 바라본 한류의 미래는 어둡지 않다.

포스트-코로나 시대, 한류는 계속 힘을 발휘할 수 있을까?

새로운 밀레니엄의 개시가 2000년에 일어나기는 했지만, 질적으로 새로운 천년, 진정한 21세기의 시작은 코로나로 인해 가능해질 것이라는 전망이 나올 정도로, 코로나 19 사태는 비단 우리나라만이 아니라 전 세계에 커다란 위기와 충격을 초래하였다. 엄청난 강도와 속도, 규모와 범위를 자랑하며 코로나 사태는 인류의 생활방식을 뒤흔들었으며, 이로 인해 우리의 삶은 이전과 다를 수밖에 없을 것으로 전망된다.

코로나에 대한 국가별 대응방식이 다양하기는 했지만, 국가 및 대륙의 경계를 가로질러 몇 가지 주요한 이슈들이 코로나와 함께 부상했다. 무엇보다 새로운 기술-문화 양태로서 언택트(untact) 시대의 도래가 널리 운위되었다. 입학식, 졸업식, 결혼식, 장례식, 예배, 수업 등 일상적인 관례들을 (물리적 대면에 기초한) 전통적 방식으로 할 수 없게 되면서, 새로운 디지털 방식을 전 세계인이 '강제적으로' 체험하게 되었다. 이로 인해 우리 사회의 대부분의 조직들이 업무 시스템의 대변화를 겪게 되었다(예: 재택근무와 화상 교육).

소비 차원에서도 대면 소비를 지양하고, 온라인 쇼핑이나 OTT 서비스의 확대 등 언택트형 소비가 급격히 팽창하였으며, 기술적으로 이미 가능했지만 정서적으로 멀리 있었던 IT 기술이 일상생활에 밀착되면서 새로운 소통 방식과 활용 방식 역시 빠르게 정착 및 확산되고 있다. 디지털혁명, 모바일 혁명 등 대전환의 담론이 집약적으로 제시된 것이 바로 '4차 산업혁명' 담론이었는바, 인공지능과 빅데이터를 범용 기술로 삼고 있는 4차 산업혁명 시대는 코로나 사태로 인해 우리의 삶과 인식 속으로 성큼 다가온 것이다.

이러한 과정에서 미국의 트럼프 대통령을 선두로 자국 중심주의의 흐름이 강화되기도 하였으나, 전례 없는 위기에 마주한 각 국가에서는 긴밀한 국제적 협력과 함께 정부의 적극적 개입을 통해 코로나 사태의 피해를 최소화해야 한다는 요구를 맞이하게 된다. 이로 인해 지방정부를 포함한 모든 정부의 위기관리 및 대응 능력에 대한 사회적 관심이 제고되었다.

우리나라는 압도적인 코로나 대응 능력을 통해서 전 세계

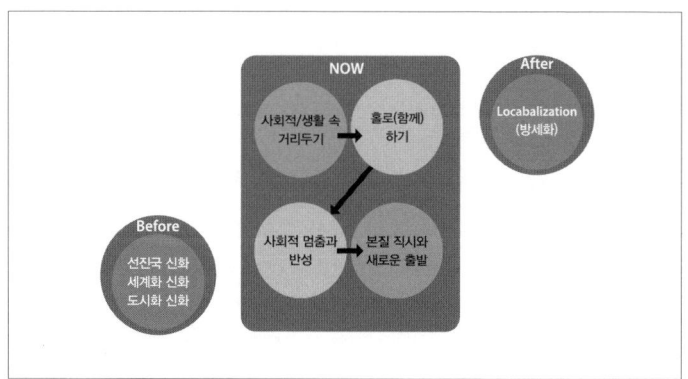

그림 5 **코로나 사태로 인한 신화의 붕괴**
자료: 배인식, 정종은 외(2020)

정부 및 언론의 주목을 받았다. 그 과정에서 『눈 떠보니 선진국』(박태웅, 2021)이라는 표현처럼 국가의 위기관리 능력과 선진적인 시민의식, 최첨단일 뿐 아니라 실시간으로 작동하는 디지털 인프라의 탁월함이 널리 알려지고 인정받았다. 아래의 〈그림5〉에서 알 수 있듯이 사회적 거리두기 속에서 진행된 멈춤과 성찰을 통해서 과거의 '신화'들이 조금씩 침식되고 새로운 가능성들이 태동하고 있는 것이다.

우리나라가 2021년 7월 UNCTAD에 의해 선진국으로 인정받게 된 데에는, 불과 몇 달 전 있었던 G7 정상회의로의 초대에 대해 그 어떤 국가도 이의를 제기하지 않았던 데에는 이러한 배경이 자리한다. 이와 같은 대한민국 '소프트 파워'의 공식적인(official) 인정은 전 세계 한류팬들, 특히 청소년기를 겪고 있는 Z세대 팬들에게 자신의 노력이 결실을 이룬 것과 같은 성취감으로 다가왔을 가능성이 크다.

국가간 치열한 견제와 경합, 한류의 경쟁우위는 계속될 것인가?

마지막으로 한류의 미래 전망과 관해 반드시 살펴보아야할 지점은 국가간 치열한 경쟁이 한류에 미칠 영향이다. 지구촌 전체 인구인 80억 가운데 절반을 훨씬 상회하는 46억 가량이 거주하는 아시아는 한류 확산의 전초기지로 작동해왔다. 아시아의 강호이자 한반도에 인접한 국가들인 일본 및 중국과의 역학관계(dynamics)가 한류의 미래에 어떠한 영향을 미칠 것인지 생각해볼 필요가 있다.

우선 일본과 중국 정부가 정권의 필요에 따라서 '반한 감정'을 조장하는 것은 낯선 일이 아니다. 시진핑 주석의 '한한령'이나 아베 총리의 '수출 금지' 정책은 일종의 내정 간섭을 목적으로 자국민들의 반한 감정에 호소하는 지점이 있다. 그러나 2010년 이후 이러한 정부 차원의 방해 공작이 일본이나 중국의 한류 소비자들에게 큰 영향을 미치지는 못한다는 사실이 확인되었다. 이는 과거와 달리, 텔레비전이나 극장이 아니라 유튜브나 넷플릭스와 같은 동영상 플랫폼 및 OTT 서비스가 한류 확산의 본산이 되고 있기 때문이다. 전 세계가 통합된 디지털 컨버전스 시대, 초개인화된 소비자들의 취향을 국가가 일방적으로 통제하는 것은 (북한을 제외하면) 불가능한 일이라고 할 수 있다.

그렇다면, 콘텐츠 기획, 창작, 제작 등의 공급자적 측면의 경쟁은 어떠할 것인가? 우선 한류가 동아시아에서 시작되었고 여전히 가장 많은 수익을 내고 있는 곳도 동아시아라는 사실에 주목해야한다. 즉 '한류'는 아시아의 문화가 전지구적 문화 생태계에서 거대한 흐름을 만들어내고 있는 독특한 현상이기도 하다. 〈기생충〉이나 〈오징어게임〉, BTS 등에 대한 중국과 일본 언론의 보도에서는 한편으로는 부럽고 질투가 나지만, 다른 한편으로는 이를 통해 자신들도 할 수 있다는 대리만족 성격의 자극과 격려를 받고 있음을 어렵지 않게 확인할 수 있다. 이는 마치 전 세계 축구팬들이 토트넘의 손흥민을 '아시아의 왕'이라고 부르는 것에 동의하면서, 손흥민의 EPL 득점왕 등극을 중국과 일본의 축구팬들이 더 자랑스러워하는 것과 비슷한 현상이다.

한자문화권으로 유교적인 문화와 인종적인 유사성을 가지고 있는 한국이 할 수 있다면, 일본과 중국도 할 수 있지 않을까? 이러한 기대감을 가지고 일본은 2010년대 본격적으로 '쿨

재팬' 전략을 취했고, 중국은 엄청난 투자를 통해서 한국의 많은 창작자들을 빨아들이기도 했다. 유사성과 인접성을 가지고 있는 직접적 경쟁 상대인 일본과 중국, 이 두 강대국이 엄청난 국가적 투자와 노력을 계속한다면, 종국적으로 한류의 경쟁력은 약화될 수밖에 없지 않을까?

그러나 필자는 이러한 우려는 상당 기간 기우에 그칠 것이라고 강력하게 전망한다. 필자가 2016년 '한-아세안 정상회의' 발표를 위해서 그렸던 그림 6에서도 확인할 수 있듯이, 한국 문화산업의 국제적 경쟁력은 (팔길이 원칙으로 대변되는) 민주적 거버넌스와 (문화산업의 국가기간산업화라는 모토로 표현되는) 전략적 산업화 노하우가 결합되어 이루어진 것이다. 앞서 우리가 '신개발주의 문화정책'이라고 불렀던 이 모델은 동아시아에서 매

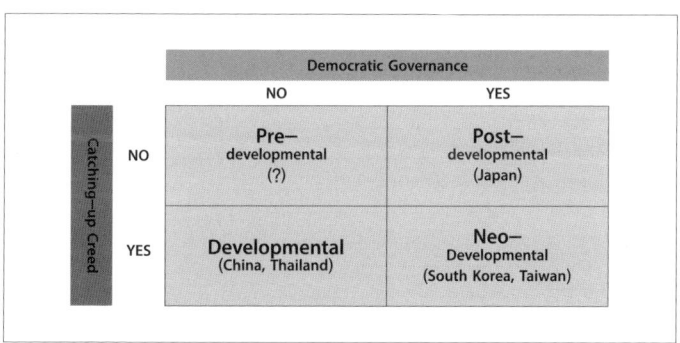

그림 6 **동아시아에서 한류의 독특한 정책적 위상 및 경쟁력**
자료: Chung(2017)

우 독특한 위상을 갖는다.

우선 중국은 "개발주의 문화정책"하에서 엄청난 국가적 투자를 통해 앞선 산업화 국가를 따라잡기(catch-up) 위해 노력하고 있지만, 민주적 거버넌스는 제대로 작동하지 않는다. 검열과 시장 통제 등을 통해서 창조적인 인재들이 마음껏 활동할 수 있는 토양을 마련하지 못하고 있는 것이다. 주제와 소재 등에서 한계가 뚜렷하고, 충분하게 성찰적이고 충분하게 비판적인 지향을 갖기도 어려운 것이 현실이다.

그렇다면, 일본은 어떠한가? 이미 19세기에 유럽에서 일본풍이 불었던 적이 있고, 21세기가 오기 전까지 아시아 대중문화의 선봉에는 항상 일본이 만든 영화, 드라마, 대중음악, 만화가 있었다. 하지만 이제 일본은 (형식적인 의미의) 민주적 거버넌스가 구현된 국가라는 점에서는 우리와 공통점을 갖지만, 전략적 산업화 노하우는 상실한지 오래된 상태로 보인다. 세계 2위 규모의 콘텐츠시장을 가지고 있기 때문에, 전자산업과 마찬가지로 글로벌 무대를 대상으로 한 혁신보다는 내수시장의 편안함에 젖어 많은 장르의 경쟁력이 상실되었다. 1985년 플라자 합의 이후 잃어버린 30년은 산업 분야는 물론 문화 분야의 '갈라파고스화'도 초래하였는바, 일본은 아직도 달콤했던 과거의 추억 속에서 벗어나지 못한 상황으로 보인다.

세습 정치인들이 지배하는 세상에는 아직도 아날로그 감성들만 가득하고, 따라서 흐름을 읽지 못하고 국내 시장에서만 팔리는 상품들이 카탈로그에 즐비하다. 여전히 개발주의적 날카로움을 유지하는 가운데 민주적 거버넌스라는 '신무기'를 장착하여 신속한 산업화 전략을 펼치는 대한민국의 "신개발주의 정책"을 염두에 둔다면, 민주적 거버넌스는 형식적으로 유지되고 있지만 전략적 민첩성을 갖춘 산업화의 동기는 상실되어버린 "포스트 개발주의" 정책이 일본을 지배하고 있다고 평가할 수 있다.[14]

요컨대, '한류'는 전 세계 인구의 약 60% 가량이 거주하는 아시아의 '대표선수'이다. 국가간 경쟁의 심화에도 불구하고, 이 대표선수는 앞으로 십년, 십 오년, 이십년은 끄떡없이 자신의 기량을 마음껏 펼칠 수 있을 것으로 보인다. 이는 단순히 문화 분야만을 들여다본다고 내릴 수 있는 판단이 아니다. 경제 분야와 정치 분야의 역사, 역량, 전망을 바탕으로 국가 전체의

---

14 하지만 일본이 진정한 의미의 민주주의 국가인가에 대해서도 의문의 여지가 있다. 우리와 같이 여러 차례의 시민혁명을 통해 국민이 국가의 주인임을 확인한 경험이 일본에는 없었다. 일본 영화나 드라마에서 '정치 비판'이 거의 다루어지지 않는 소재라는 점, 수많은 국회의원이 세습을 통해 국회에 진출했다는 점을 고려하면, 창조적인 역동성의 토대로서 민주적 거버넌스가 일본 사회에 정착되었다고 보는 것 자체도 위태로워 보인다.

문화적 잠재력과 창조성을 종합적이고 연계적인 관점에서 분석해야만 확신을 가질 수 있는 문제이다. 대한민국 '신개발주의 문화정책'의 독특한 위상에서도 살펴보았듯이, 민주적 거버넌스를 기반으로 전략적 산업화 정책이 결합하여, 재능 있는 인재들의 작품을 온 국가와 국민이 즐기고 지원하는 흐름이 이제 아시아는 물론 전 세계의 어떤 국가들도 쉽게 모방할 수 없는 경쟁우위(competitive advantage)를 갖는 단계로 진입했다고 판단한다.

Chapter 7. 넥스트 한류 시대, 당신이 꿈꾸는 한류 정책은?

우리의 한류 여행도 이제 막바지에 접어들었다. 우리가 머물 마지막 정박지는 (이제 거시적인 문화정책을 넘어서) 미시적인 '한류 정책'이다. 우리는 역대 정부 한류 정책의 흐름을 살펴보고, 그 성과와 한계를 정리하는 데서부터 출발할 것이다. 다음으로는 이러한 정책적 흐름과 앞서 우리가 살펴온 주요 이슈들을 종합함으로써 '넥스트 한류 시대'를 위한 정책 방향 전환은 어떻게 이루어져야 하며, 새로이 도입할 필요가 있는 과제들은 무엇인지 살펴보고자 한다. 그전에 독자들께 질문이 있다. "당신이 꿈꾸는 한류 정책"이 있으신가? 있다면, 그것은 어떤 것들인가? 한류의 새로운 미래, 새로운 도약을 위해 대한민국 정부는 앞으로 무엇을 해야 하는지에 대해 각자의 생각을 다듬는 시간으로 삼으면 좋을 것이다.

표 12 역대 정부의 한류 관련 정책

구분	국민의정부	참여정부	이명박정부	박근혜정부	문재인정부
정책 기조	팔길이 원칙, 문화산업의 국가기간 산업화	창의 한국, 세계 5대 강국 비전	진흥체계의 통합 및 효율화	창조경제, 문화융성	자유와 창의가 넘치는 문화국가
주요 성과	문화산업 진흥기본법 제정, 최초의 중장기계획 수립, 진흥기관 설립	장르별 법안 개정, 통계 업그레이드, 범정부 및 민관 협력체 구성	5개 기관 통합 콘텐츠 진흥원 출범, 한류 3.0 담론 (예술과 전통문화 한류)	한류3.0 위원회 발족, CKL 등 콘텐츠 스타트업 지원 강화	신한류 진흥계획 수립, 문체부 내 한류 전담과 신설, 정책 컨트롤타워 발족
의의	한류의 성장을 위한 정책적 기반 마련	한류의 효과에 대한 진지한 주목	한류의 지속 가능성에 대한 고민	국정농단 및 사드 사태 등으로 한류 정책 위기	'신'한류 정책을 통한 재도약

국민의정부(1998~2003)

한류의 역사적 발전단계에 대한 고찰에서 살펴보았듯이, 1990

년대 후반에 '한류'라는 현상이 처음으로 출현했기 때문에, 한류에 관한 최초의 정책을 마련한 정부는 국민의정부라고 할 수 있다. 김대중 정부는 '팔길이 원칙'과 '문화산업의 국가기간산업화'라는 두 가지 원칙에 근거하여 문화정책을 펼쳤다. 영화진흥공사의 영화진흥위원회로의 전환이 전자의 대표적인 사례라고 한다면, 문화산업진흥기본법의 제정과 문화콘텐츠진흥원의 설립이 후자의 대표적인 사례라고 할 수 있다. 그러한 가운데 많은 문화산업 관련 최초의 계획과 제도가 도입되었는바, 그 중에서 2001년 발표한 『한류산업 지원 육성 방안』은 최초의 한류 관련 정부 계획으로 인정받고 있다.

참여정부(2003~2008)

참여정부는 2004년 『창의 한국』이라는 보고서를 통해 국가 문화정책을 체계적으로 정리했다. 기존의 문화정책, 예술정책, 문화산업정책 등은 물론이고 지역문화정책, 국제문화정책 등도 일관된 정책적 틀 내에서 나름의 위상과 지향을 체계적으로 획득하였다. 한편 참여정부는 '세계 5대 문화산업 강국 실현'이라는 목표를 내걸고 『참여정부 문화산업 정책비전』(문광부, 2003)을 발표하였는바, 이를 바탕으로 국무회의 등에서 한류가 공식적인 의제로 논의되기 시작했다. 범정부적인 한류 관련 협력체계가 형성되는 가운데, 한류 관련 민간관계자들과 정부 부처가 만나 정책을 논하는 협의체도 구성되었다. 한류가 지속적으로 확산되면서, 정부 전체와 민간 기업들까지 국가 의제로서 '한류'에 주목하면서 제도적 체계가 마련된 시기라 하겠다. 참여정부 하에서 문화산업과 관련한 통계가 통계청 승인을 얻게 된 것도 이러한 배경이 있었기 때문에 가능한 일이었다.

이명박정부(2008~2013)

이명박정부는 (마치 지역정책을 5+2 광역경제권으로 단순화했던 것처럼) 문화산업 또는 콘텐츠산업정책에서도 통합과 효율화를 정책 기조로 제시하였다. 5개 기관을 통합하여 한국콘텐츠진흥원을 (새롭게) 출범시켰으며, 문체부의 콘텐츠산업실도 인력 및 규모를 크게 확대하였다. 특별히 주목되는 것은 '한류 3.0' 정책을 도입해 한류의 다원화, 다각화를 매우 직접적인 정책 목표로 제시하였다는 점이다. 참여정부 시기 일본에서의 한류가 본격화되면서 한류의 사회문화적 효과는 물론 산업적·경제적 효과에 온 국가가 주목하기 시작했다고 한다면, 이명박정부 시기에서는 반한류, 혐한류 등이 출현하면서 한류의 장르적 다양화 및 지역의 다각화 등 지속가능성에 대한 고민이 진지하게 이루어지기 시작했던 것이다.

박근혜정부(2013~2017)

박근혜정부는 '창조경제'와 '문화융성'이라는 매우 확실한 정책 기조를 제시하였으며, 이러한 맥락에서 문화예산 2% 공약 등을 통해 상당히 많은 투자가 문화산업 분야에 이루어졌다. 하지만 한류 정책에서는 기존 정부들과 같은 분명한 정책목표가 제시되지는 않았던 것으로 보인다. 예컨대, 국민의정부의 '문화산업은 국가기간산업', 참여정부의 '5대 강국 비전', 이명박정부의 '한류 3.0'등과 같은 비전을 박근혜정부에서 따로 찾아보기는 어렵다. 이 시기에는 이명박정부 중반에 제시된 '한류 3.0' 정책을 계승하면서 한류3.0위원회 및 한류기획단 등이 운영되었다.

오히려 문화산업 분야에서 주목되는 것은 박근혜정부에서 처음으로 콘텐츠 스타트업 또는 문화 스타트업 육성 정책이 추진되었다는 것이다. '콘텐츠코리아랩'(CKL)의 설립 및 이를 확대한 '문화창조융합벨트'설립 등은 스타트업 지원 정책이 큰 규모로 문화정책에 도입된 최초의 사건이었다. 이처럼 창조경제와 문화융성이 만나는 지점에서 콘텐츠 스타트업을 육성하고 이러한 새로운 에너지가 한류 3.0, 즉 국제적인 경쟁력을 가진 다양한 문화 장르의 세계 진출을 꿈꾸었던 것으로 판단된다. 하지만 국정원을 중심으로 한 '예술인 블랙리스트' 및 국정농단 세력의 '문화창조융합벨트' 간섭 등이 밝혀지면서 이러한 정책 지향은 훗날 그 진정성을 의심받게 된다. 또한 사드 배치를 둘러싸고 중국 정부와 직접적으로 충돌하면서, 한류의 중국 진출에 이상 전선이 드리워진 것도 한류 3.0 정책의 지향과는 정반대의 결과였다는 점을 지적할 필요가 있다.

문재인정부(2017~2022)

문재인 정부에서도 지난 20년간 역대 정부에서 도입된 주요 정책들이 지속되었다. 총리 주재 국정현안조정회의에서는 한류를 핵심적인 국정 의제로 다루었으며 『신한류 진흥정책 추진계획』(20.7)을 수립하여 발표하기도 했다. 민관이 함께 참여하는 '한류협력위원회'도 운영되었고, 무엇보다 문체부 내 한류를 전담할 '한류지원협력과'가 신설되었다.

주목할 점은 이명박정부와 박근혜정부 하에서 지향점으로 언급되었던 '한류 3.0'정책이 '신한류' 정책으로 옷을 갈아입었다는 점이다. 문체부에 따르면, "신한류"란 "기존 한류와 달리 한국 문화 전반에서 한류콘텐츠를 발굴하고, 연관 산업과의 연계를 강화하며, 상호 문화교류를 지향함으로써 지속성과 파급효과가 높은 한류를 말한다."[15] 이를 위한 세 가지 전략은 **1.** 한류 콘텐츠의 다양화(기존 대중문화 콘텐츠 지원 외에도 우리나라의 풍부한 문화자산으로부터 새로운 한류 콘텐츠를 찾아내려는 것), **2.** 한류로 연관 산업 견인(한류로 소비재뿐만 아니라 서비스 산업까지 연계 강화하며, 이를 위해 각 부처가 산발적으로 추진하고 있는 정책과 정보를 공유하고 협업 강화), **3.** 지속가능한 한류 확산의 토대 형성(공식적인 정책 총괄 기구로서 한류협력위원회 및 실무위원회 운영)이다.

문재인정부의 '한류' 정책과 관련해서 언급하지 않을 수 없는 것은 코로나 19에 대한 방역 과정에서 탁월한 디지털 국정 운영능력이 현실화되면서, 공식적인 선진국 진입이 이루어졌고, 이러한 사건이 한류와 시너지를 내면서 거침없는 (동반) 상승작용이 이루어졌다는 사실이다. 그럼에도 불구하고, 대표정책으로서 위의 '신한류' 정책은 사실 '한류 3.0'정책과 그 내용과 형식면에서 질적인 차이를 보이지 못했다는 점은 아쉬움이 남는다.

---

15 문체부 (2020.07) '신한류로 전 세계 한류 열기 이어 나간다', 문체부 보도자료.

넥스트 한류 시대, 새로운 전략과 과제 모색의 필요성

지금까지 우리가 충분히 살펴보았듯이, 한류는 '문화정책'과 깊은 관계를 맺고 있는 현상이다. 공산국가에 뒤쳐진다고 해도 서러울 정도의 검열과 통제를 가하던 군부 독재시대에는 전혀 꿈꿀 수 없었던 사건이 문민정부와 국민의정부를 거치면서 급작스럽게 발생한 사건으로, 이는 아시아 금융위기와 최초의 평화적인 정권교체가 없었다면 지속적인 동력을 갖기 어려운 일이었다. 그것은 실로 우리 국민들의 끈질긴 민족성, 목표의식과 도전정신, 억압되었던 창조적 욕망의 해방과 같은 내부적 조건들이 글로벌 시대정신의 교체, 정보화 혁명으로 인한 디지털 컨버전스, 아시아의 문화적 진공상태 등의 외부적 조건들과 결합되어 이루어진 사건이었다.

지난 20여년에 걸쳐 모든 정부는 이와 같은 '한류' 현상에 큰 자부심을 가지면서 적극적으로 이를 지원, 육성, 진흥하고자 노력했다. 거버넌스 차원에서 추진체계·협력체계의 구축, 법제도·연구·사회적 인식 제고 등 환경 인프라 조성, 물적 인프라를 중심으로 인력·기술·재정·정보 등 투입 인프라 확대, 가치사슬 제 단계에 대한 전략적·상징적 개입 등이 대표적인 정책 범주들이다.

그러나 참여정부의 『창의 한국』(문광부, 2004) 발간 이후 반복되어온 수많은 정책 아이디어들을 위의 네 범주에 맞추어 약간 업그레이드하는 방식으로 향후의 정책과제를 제시하는 것은 우리의 마지막 여행을 마치기에는 다소 건조한 방식이다. 어떻게 해야 멋지게 여정의 피날레를 맞이할 수 있을까? 앞서 제시한 Beyond-K 시대, 넥스트 한류 시대를 앞당기기 위한 대표적인 과제들을 네 가지 범주별로 하나씩만 제대로 살펴보는 것은 어떨까? 아래는 한류의 양자도약(quantum leaf), 다시 말해서 우리의 한류가 '국가 브랜드 콘텐츠'의 수준을 넘어 '인류애를 담은 플랫폼'으로 발전하기 위해서 꼭 필요하다고 생각하는 정책들을 필자가 선별한 것이다.

거버넌스 정책: 글로벌 한류위원회 및 추진단 운영

2020년 정부가 발표한 『신한류 계획』에서 알 수 있듯이, 문재인정부는 그간 정부 부처 사이에, 그리고 정부와 민간 사이에 형성된 산발적 소통 체계를 넘어 통합적인 한류 컨트롤 타워를 구축한다는 계획을 세웠다. 각 주체별로 항상적이지 않고, 그때그때 이슈에 따라 이루어지는 소통 방식을 넘어서 상시적인 한류 점검 및 대응 체계를 갖추겠다는 것이다. '민주적 거버넌스'에 대한 이해만 군건하다면, 바람직한 방향이다.

하지만 넥스트 한류 시대에는 거버넌스 체계 자체를 글로벌화할 필요가 있다. 한류가 이제는 한국인의 것만이 아니라 세계인의 것이라고 한다면, 한류위원회와 한류추진단에 해외 전문가와 해외 팬들을 적극 참여시킬 필요가 있다. 영국 정부는 창조산업 진흥을 위해 NESTA와 British Council이 주도하는 PEC(policy and evidence council)를 운영하고 있으며, 해외 주요국의 전문가들이 참여하는 International Council을 내부에 설치하여 운영 중이다. 직접적으로 벤치마킹할 수 있는 사례라 하겠다.

환경 인프라 정책: 국가별 협업기반 한류 연구 촉진

한류 진흥을 위한 또 다른 법안 마련이 필요할까? 사회적 인식 공감활동을 통해 한류의 중요성을 널리 알려야할 시기는 이제 어느 정도 지나간 것이 아닐까? 한류에 대한 국내 연구 역시 하루가 멀다 하고 쏟아져 나오고 있다. 그렇다면, 넥스트 한류 시대의 정책 추진을 위한 '환경 인프라' 구축을 위한 과제로는 무엇을 꼽을 수 있을까?

'거버넌스'와 마찬가지로, '한류 연구' 역시 이제는 한국 연구자들의 시선만이 아니라 현지 전문가와 팬들의 시선을 통해서 이루어질 필요가 있다. 2021년 현재, 82개국 234개소로 운영하고 있는 세종학당의 대표사업으로 한국어 강의만이 아니라, '한류 연구 사업'을 대대적으로 추진해야 한다. 이를 통해 과거와는 다른 방식으로 한류를 조망할 수 있고, 글로벌 문화 생태계의 참여를 통해 새로운 인식교류 및 한 단계 진전된 한류 담론을 만들어낼 수 있다. 마치 국가가 특정 분야에 대한 '종합계획'을 수립하면 이어서 광역별로 수립되는 '지역계획'처럼, 한국 정부가 한류종합계획을 수립한 이후 국가별로 연구를 진행하여 각국에 맞는 한류 진흥 사업을 발굴하고 실행하는 체계를 구축해야할 것이다.

투입 인프라 정책: (기획자, 창작자, 연구자) 글로벌 콘텐츠 아카데미 설립

넥스트 한류 시대를 준비하는 투입 인프라 정비는 어떻게 이루어져야 할까? 일반적으로 투입 인프라에는 공간·재정·인력·기술·정보 인프라 등이 꼽힌다. 그 중 한류 패러다임의 전환을 위해 가장 변화가 필요한 것은 '인력 인프라'라고 할 수 있다. 에미상의 역사를 새로 쓴 〈오징어게임〉에서 알리 역할을 맡은 배우는 단 한 편의 작품으로 엄청난 글로벌 인기를 실감했다.

한국에서 연기를 전공한 인도 출신 배우가 전 세계적 주목을 받는 데는 약간 어눌한 한국어로 맡은 배역을 충실히 하는 것 외에 또 다른 요인이 필요하지 않았다. 블랙핑크의 태국 출신 멤버 리사는 〈라리사〉를 통해 유튜브 각종 기록을 깨면서 전 세계에서 가장 영향력 있는 여성 가수로 자리매김한 바 있다.

선진국 진입이 내면화되고 코로나 사태가 마무리된 이후에는, 과거보다 더 많은 유학생들이 한국을 찾을 것이다. 이들을 단순히 빨아들이는 데 그치지 않고(talent magnet), 이들을 키워서 전 세계 각지로 보내는 역할(talent platform)을 제대로 하기 위해 고민해야한다. 얼마 전 필자는 유네스코에서 연락을 받은 적이 있다. 짐바브웨 정부에서 '한국 음악산업 정책'과 관련한 공식적인 자문을 받기를 원한다는 내용이었다. 개발도상국에서 선진국으로 승격한 '산업화 노하우'만이 아니라 자국민도 외면하던 콘텐츠를 세계인이 선호하는 콘텐츠로 환골탈태시킨 '창·제작 노하우' 역시 집중적으로 세계인과 공유하고 확산할 필요가 있다.

기획자와 창작자는 물론 정책 연구자들을 대상으로 한 (가칭) 글로벌 콘텐츠 아카데미를 설립하는 것은 이러한 과업 달성을 위한 필수적인 과정이라고 판단된다. 이를 기반으로, 영화진흥위원회가 통합전산망을 통해서 해외 여러 국가의 영화산업 시스템을 현대화하는 데 기여하고 있는 것처럼, 모든 콘텐츠분야에서 필요를 느끼는 여러 국가들을 도울 수 있는 문화 ODA의 대폭적인 확대도 함께 이루어져야 한다. 해외 정책연구자들을 글로벌 콘텐츠 아카데미에서 연수 및 육성하는 동시에, 그들과의 협업을 통해 우리 콘텐츠산업의 강점 분야와 영역 등을 해당 국가에서도 벤치마킹할 수 있도록 적극적으로 지원해나가야 한다.

가치 사슬: 디지털 컨버전스를 위한 메타버스 생태계 선도

한류의 성공요인에서도 살펴보았듯이, 우리나라 문화산업의 경쟁력 중 하나는 디지털 환경에 대한 빠른 적응력이 꼽힌다. 우리나라 문화콘텐츠산업은 2000년대 이후 크게 두 갈래로 디지털 컨버전스 과정을 겪었는바(배인식, 정종은 외, 2020), 우선 대중음악·영화·드라마 시장은 공통적으로 P2P, 웹하드 등의 등장으로 인한 시장 교란(Market disorder) → 갈등 및 시장 위기 → 트러블 슈터(Trouble Shooter)의 등장 → 플랫폼의 영역 확장 → 새로운 시장 형성 → 글로벌 시장의 확대를 경험했다. 한편 웹툰·웹소설·웹드라마 시장의 형성 과정은 사뭇 달랐는데, 이 분야에서는 기존 시장에서 활동하지 않았던 외부 창작자(Outside creator)의 등장 → 새로운 시장의 니즈(Needs) → 트러블 슈터(Trouble Shooter)의 등장 → 다양한 플랫폼과 창작자 집단의 등장 → 스타 창작자의 대거 등장 → 글로벌 시장의 확대로 이어지는 디지털 컨버전스 과정이 발현되었다.

두 사례는 약간의 차이는 있지만 큰 방향은 일맥상통한다. 최근 BTS나 〈오징어게임〉 등을 통해서 절정에 이른 우리나라 콘텐츠산업의 국제 경쟁력은 기존 방식이 충족시키지 못하는 수요에 대한 트러블 슈터의 등장과 그들의 자유로운 서식지로서 플랫폼 경제의 확장, 이를 통한 글로벌 시장 확대라는 흐름을 통해서 확보되어 온 것이다.

문화산업 분야에서 디지털 컨버전스의 새로운 도약은 향후 '메타버스'를 통해서 이루어질 것으로 전망된다. 유튜브가 전 세계의 MZ세대와 함께 콘텐츠 유통의 전혀 새로운 장을 열었던 것처럼, 제페토나 로블록스와 같은 메타버스 플랫폼이 이제는 알파세대와 함께 또 다른 장을 열 가능성이 높다. 민간 서비스와 연계 가능한 개방형 서비스 형태의 공공 메타버스 플랫폼을 신속히 구축하고, 우리나라 예술, 문화산업, 전통문화, 문화유산, 관광 관련 아카이브와 연계 및 통합운영하면서 해외에서도 참여가 가능한 글로벌 플랫폼을 조성할 필요가 있다.

진정한 한류, 이제부터가 시작이다!

물론 이번 챕터에서 다룬 대표 과제들만으로 '넥스트 한류' 시대를 여는 것은 불가능할 지도 모른다. 하지만 이 과제들이 한류의 미래를 어둡게 할 수 있는 문화우월주의, 경제 제일주의, 불균형적 성장, 콘텐츠의 획일성 등을 뛰어넘을 수 있는 중요한 전환점을 제공할 수는 있으리라 생각된다. 인류애를 담은 세계인의 문화유산으로서 'Beyond-K 시대'또는 '한류 5.0 시대', 그 역사는 이제부터 새로 쓰이게 될 것이다.

에필로그: 한류가 대한민국의 국가비전이 될 수 있을까?

오래전 , 문화강국을 노래했던 국가 지도자들이 있었다. 일제 식민지라는 국가적 치욕에 아파하고 시달리면서도, 김구 선생은 눈앞의 적들에 저항하는 것을 넘어 강국으로 성장한 대한민국의 벅찬 미래를 꿈꾸었다.

"나는 우리나라가 세상에서 가장 아름다운 나라가 되기를 원한다. 가장 부강한 나라가 되기를 원하는 것은 아니다. 내가 남의 침략에 마음이 아팠으니 내 나라가 남을 침략하는 것을 원치 아니한다. 우리의 부력(富力)은 우리의 생활을 풍족히 할 만하고, 우리의 강력(强力)은 남의 침략을 막을 만하면 족하다. … 오직 한없이 가지고 싶은 것은 높은 문화의 힘이다. 문화의 힘은 우리 자신을 행복하게 하고, 나아가서 남에게 행복을 주겠기 때문이다." – 백범 김구선생(백범일지, 나의 소원 中)

백범 선생이 꾸었던 꿈은 오늘날 개념으로 하면, 경제력·군사력·정치력과 같은 하드 파워보다는 문화·콘텐츠·창의력 등으로 대변되는 소프트 파워에 초점을 맞추고 있다. 물론 하드 파워와 소프트 파워가 결합한 '스마트 파워' 개념이 좀 더 김구 선생이 그리고 있었던 이미지와 가까워보인다. 우리가 주목할 것은 백범 선생은 이러한 문화의 힘으로 우리 민족의 행복만이 아니라 전 세계인을 행복하게 하는 시대를 가장 도달하고 싶은 이상향으로 상정하고 있다는 점이다.

문화강국을 꿈꾸던 또 다른 지도자가 있다. 그는 수도 없는 이념 공세에 시달렸고, 몇 차례의 진지한 살해 위기를 넘겼으며, 여러 번의 도전 끝에 마침내 대통령이 되는 데 성공한다. 하지만 그가 직면한 것은 '제2의 국치'로 불렸던 IMF 구제금융 위기였다. 그는 오랜 정치적 신념과 미래에 대한 구상을 엮어 국가 위기에 맞설 자신의 근원적 정체성으로 '문화대통령'을 제시한다.

"세계를 주도하는 선진국들은 군사나 경제뿐 아니라 문화 분야에서도 예외 없이 앞서가고 있으며, 그러한 경향은 날로 심대해져가고 있다는 사실을 우리는 직시해야 합니다. 문화의 창달 없이는 국가의 부강도, 국민의 삶의 질의 향상도 기대할 수 없는 것입니다… 우리가 함께 만드는 문화는 국난을 극복하고 21세기 일류국가를 건설하는 원동력이며, 후손에게 물려줄 자랑스러운 유산이 될 것입니다… 다가오는 21세기 '문화의 세기'에는 세계 일류의 문화국가가 됩시다."

- 김대중 대통령(취임 첫해 문화의 날 연설 中)

우리가 함께 했던 한류 여행은 이 두 분이 꿈꾸었던 시대가 21세기에 들어 어떻게 현실화되었는지를 하나하나 살펴보는 여정이었다고 할 수 있을 것이다. 이들이 가슴에 품었던 비전과 철학이 어떤 과정을 통해 현실화되었고, 어떤 성과와 효과를 만들어내었는지, 당면한 어려움들을 넘어서 앞으로 더 성장하기 위해 필요한 것들은 무엇인지를 우리는 자세히 살펴보았다.

"우리 자신을 행복하게 하고, 나아가서 남에게 행복을" 주는 높은 문화의 힘, 21세기 '문화의 세기'에 누구나 인정하는 "세계 일류의 문화국가"라는 위상은 한류를 통해서 실제로 우리에게 주어졌고, 2021년 공식적인 선진국 진입과 함께 더 넓고 깊고 빠르게 그 영향력을 확산하고 있다. 이러한 견지에서 필자는 한류가 향후 대한민국의 '미래 국가비전'이 될 수 있음을 마지막으로 주창하고자 한다.

보다 정확히 말하자면, 한류를 통해 검증된 '문화'의 힘이 대한민국의 미래 국가비전이 될 수 있고, 되어야 함을 강조하고자 한다. 세계 10위권에 도달한 대한민국의 경제력과 정치력은 무척이나 단단한 것이고 긍지를 가질 만한 것이다. 하지만 대한민국의 경제력·군사력·정치력을 통해서 세계인을 얼마나 행복하게 만들 수 있을까? 백범 선생께서 지적하고 있듯이, "우리의 부력(富力)은 우리의 생활을 풍족히 할 만하고, 우리의 강력(强力)은 남의 침략을 막을 만하면" 족하지 않을까? 슈퍼 파워 미국이나 전통의 강호 EU의 경제력·군사력·정치력을 능가할 힘을 키우지 못하는 이상, 하드 파워 전략으로는 대한민국이 종속변수를 넘어선 독립변수로 국제사회에서 기능하기 어렵다.

하지만 문화는 그렇지 않다. 한류가 보여주듯이, 대한민국의 문화콘텐츠는 선진국들에게는 신선한 자극을, 개발도상국들에게는 세련된 소구를 제공한다. 우리의 드라마, 영화, 음악이 세계인들에게 위로와 감동, 재미와 흥미, 도전과 영감을 제공하고 있는 것이다. 중요한 것은 콘텐츠 자체만이 아니라, 그러한 콘텐츠를 만들어낼 수 있었던 기업·산업의 경쟁력에 대한 주목을 통해 전 세계 콘텐츠산업의 패러다임을 조금씩 바꾸어가고 있다는 점, 나아가서는 세계인들의 인식변화와 이를 매개로 한 각국 정부 정책의 변화 역시 추동하고 있다는 점이다.

2007~2008년, 국제로터리장학생으로 영국으로 유학을 떠난 필자는 당시 장학금을 받는 대가로 글래스고 지역 로터리클럽들을 방문해 한국문화에 대한 특강을 진행해야 했다. 글래스

고 경찰청장을 지냈던 한 클럽의 회장은 당시 아시아에서 유행하고 있던 한류에 대한 이야기보다는 고려시대 청자의 수출이 중국 도자기에 미쳤던 영향에 대한 이야기에 훨씬 더 큰 관심을 보였다. 십여 개의 로터리 클럽을 다니며 특강을 했고, 아시아에서 불어 닥치고 있는 한류 열풍을 강조했지만, Korean Wave(Hallyu)에 대한 질문을 받은 적은 단 한 차례도 없었다. 지난 15년간 도대체 무슨 일이 일어난 것일까?

선진국 진입에 걸맞은 새로운 국가 비전에 대한 고민이 필요한 시점이다. 21세기 들어 획기적으로 성장한 국가의 내적 역량과 외부의 기대와 관심, 환경과 요인들을 종합적으로 고려하여, 빠른 추격자(fast follower)가 아닌 진정한 선구자(first mover)로서의 면모와 위상을 정립해야하는 시기인 것이다. 대한민국의 문화는 그 자체로 국가의 역사적·현재적·미래적 역량과 열정을 보여주는 가장 선도적인 사회 영역일 뿐만 아니라 경제와 정치, 외교와 복지 등 모든 영역에서 관점의 전환과 전략의 고도화를 이끌 수 있는 최고의 촉진자라고 할 수 있다.

선진국 시대의 대한민국 정부는 백범 선생과 김대중 대통령이 꾸었던 꿈이 현실화된 시대를 살고 있는 이상, 그들의 비전과 그림을 넘어서서 훨씬 더 구체적인 전략과 정책을 가지고 세계인을 위한 문화강국의 꿈을 꾸어야만 하는 것이다.

참고문헌

고정민 외 (2009), 『한류 아시아를 넘어 세계로』, 한국문화산업교류재단.

굴누르, 이춘수, 예동근 (2016), 한국 국가이미지와 한류의 영향에 따른 한국 제품 구매의도 분석, 『동북아 문화연구』, 48; 379-397.

김대중 (1998), 『다시, 새로운 시작을 위하여』, 김영사.

김대중 (2000), 『김대중 옥중서신』, 한울.

김도희, 박병진 (2016), 한류콘텐츠 경험이 국가 이미지, 한류콘텐츠 만족도 및 충성도에 미치는 영향, 『대한경영학회지』, 29(12); 1871-1894.

김정수 (2002), '한류'(韓流) 현상의 문화산업정책적 함의, 『한국정책학회보』, 11(4); 1-22.

김정수 (2014), 한류에 관한 여섯 가지 질문 그리고 문화정책의 역할. 『문화정책』, (1); 75-113.

김종호, 김필수 (2015), 문화접변 모델을 이용한 한류의 성공 및 제약 요인 분석, 『한국엔터테인먼트산업학회 논문지』, 9(1); 11-22.

문화관광부 (1998), 『국민의 정부 새문화정책』, 문화관광부.

문화관광부 (1999), 『문화산업발전 5개년 계획』, 문화관광부.

문화관광부 (2000), 『문화산업비전 21: 문화산업진흥 5개년 계획』, 문화관광부.

문화관광부 (2001), 『콘텐츠 코리아 비전 21』, 문화관광부.

문화관광부 (2003), 『참여정부 문화산업정책 비전』, 문화관광부3.

문화관광부 (2004), 『창의 한국』, 문화관광부.

문화관광부 (2005), 『문화강국(C-Korea) 2010』, 문화관광부.

문화체육관광부 (2013), 『한류백서』, 문화체육관광부.

문화체육관광부 (2020a), 보도자료: 신한류로 전 세계 한류 열기 이어나간다, 문화체육관광부.

문화체육관광부 (2020b), 『2019 콘텐츠산업 통계조사 보고서』, 문화체육관광부

박태웅 (2021), 『눈 떠보니 선진국』, 한빛비즈.

반티뀌민, 전범수 (2021), 한국 및 한류 스타 이미지가 베트남 여성들의 한국 드라마와 영화 이용의도에 미치는 영향, 『영상문화콘텐츠연구』, 23; 199-221.

배인식, 정종은, 박윤규, 김건희, 하유준, 박종화 (2020), 『공연·전통예술 온라인 유통 활성화 연구』, 예술경영지원센터.

삼성경제연구소 (2005), 『한류 지속과 기업의 활용 방안』, 삼성경제연구소.

서병문 (2012), 한류의 다양성과 글로벌 확산을 위한 방법론 고찰, 『문화산업연구』, 12(3); 121-135.

서은숙 (2009), 다문화시대 한류의 정체성과 방향, 『인문콘텐츠』, 14; 157-184.

손승혜 (2013), 디지털 네트워크 시대의 초국가적 온라인 팬덤, 『미디어, 젠더 & 문화』, 25; 73-111.

송정은, 장원호 (2012), 유투브(YouTube) 이용자들의 참여에 따른 한류의 확산, 『한국콘텐츠학회논문지』, 13(4); 155-169.

심두보 (2013), 케이팝 (K-pop) 에 관한 소고: 한류, 아이돌 그리고 근대성, 『Social Studies』, 52(2); 13-28.

안창현 (2010), 한국 문화콘텐츠산업 중국시장 진출 전략, 『인문콘텐츠』, 17; 475-497.

오연호 (2009),『노무현, 마지막 인터뷰』, 오마이뉴스.

오춘호, 조용래, 김원준 (2009), 콘텐츠산업 수출이 기업 수익에 미치는 영향,『한국콘텐츠학회논문지』, 9(6); 153-164.

유경진, 박연진, 황하성 (2014), 신한류 효과: 중국인들의 K-POP 이용이 한국과 한류에 대한 호감도에 미치는 영향,『한국언론정보학보』, 65; 51-75.

윤여광 (2019), 방탄소년단(BTS)의 글로벌 팬덤과 성공요인 분석,『한국엔터테인먼트산업학회논문지』, 13(3); 13-25.

이동기, 최진아 (2006), 농심의 성공과 글로벌화 전략: 중국시장 진출을 중심으로,『국제경영리뷰』, 10(2); 137-164.

이연정 외 (2005),『문화산업정책 10년 평가와 전망』, 한국문화관광정책연구원.

이원준, 최미나, 윤태헌 (2016), 한류에 대한 만족도가 한국의 국가이미지와 방문의도에 미치는 영향,『문화산업연구』, 16(3); 167-175.

이장우, 허재원 (2013), 리더십과 조직역량이 해외진출 전략에 미치는 영향.『Korea Business Review』, 17(1); 243-266.

임성준 (2013), K-Pop의 글로벌 경쟁력과 성공요인,『Korea Business Review』, 17(2); 323-346.

장규수 (2011), 한류의 어원과 사용에 관한 연구,『한국콘텐츠학회논문지』, 11(9); 166-173.

정종은 (2013a), 영국 창조산업 정책의 부상: 개념들의 변화에 관한 고찰,『문화정책 논총』, 27(1); 122-145.

정종은 (2013b), 한국 문화정책의 창조적 전회: 자유, 투자, 창조성,『인간연구』, 25; 33-71.

정종은 (2016), 한류 3.0 시대를 위한 한류 형성기의 선순환 구조(virtuous circle) 분석, 문화예술지식DB『문화돋보기』, 18호. 한국문화관광연구원.

정종은 (2021), 대창업시대, 예술 스타트업의 화두, 『웹진 예술경영』, 471호, 예술경영지원센터.

정종은, 홍성태, 최보연, 박승환 외 (2021), 『2024 강원 동계청소년올림픽대회 문화행사 기본계획 연구』, 2024 강원 동계청소년올림픽 조직위원회.

제혜금 (2018), 한류의 경쟁력 분석과 지속성장 전략, 『한국융합인문학』, 6(1); 75-96.

조병철, 심희철 (2013), K-POP 한류의 성공요인 분석과 한류 지속화 방안 연구, 『한국콘텐츠학회 논문지』, 13(5); 90-102.

채지영 외 (2020), 『한류 20년, 성과와 미래전략』, 한국문화관광연구원.

최문성 (2012), 한류가 우리나라 수출에 미치는 효과, 『통상정보연구』, 14(1); 67-86.

한충민, 진희, 이상엽 (2011), 한류가 한국 화장품 브랜드의 이미지에 미치는 영향, 『경영학연구』, 40(4); 1055-1074.

허진 (2002), 중국의 '한류 (韓流)'현상과 한국 TV 드라마 수용에 관한 연구, 『한국방송학보』, 16(1); 496-529.

황순학, 양혜란, 천세학 (2016), 한국 드라마의 성공 요인과 중국의 문화산업에 미치는 영향, 『문화산업연구』, 16(3); 137-145.

황인석, 김봉, 안성아 (2008), 한류의 경제적 파급 효과, 『한국콘텐츠학회논문지』, 8(6); 140-150.

Akhand, H. & Gupta, K. (2006) *Economic Development in Pacific Asia*, London & New York: Routledge.

Amsden, A. (1989) *Asia's Next Giant: South Korea and Late Industrialization*, New York: Oxford University Press.

Castells, M. (1992) "Four Tigers with a Dragon Head", in *States and Development in the Asian Pacific Rim*, Appelbaum, R. & Henderson, J.(eds.), London: Sage Publications, pp.33~70.

Chan, S., Clark, C. & Lam, D. (1998) "Looking beyond the Developmental State", in *Beyond the Developmental State*, Chan, S. Clark, C & Lam, D.(eds.), Hampshire and London: Macmillan Press Ltd, pp.1~8.

Chung, Jong-Eun (2012) *From Developmental to Neo-Developmental Cultural Industries Policy: The Korean Experience of the 'Creative Turn'*, University of Glasgow Ph. D Thesis.

Chung, Jong-Eun (2017) A Neo-Developmental Virtuous Circle of Korean Wave and its implications for ASEAN-Korea Cultural Exchange, in *Partnering for Tomorrow: ASEAN-Korea Relations*, Seoul: ASEAN-Korea Center.

Chung, Jong-Eun (2019) The Neo-Developmental Cultural Industries Policy of Korea: Rationales and Implications of an Eclectic Policy, *International Journal of Cultural Studies*, 25(1); 63-74.

Cumings, B. (1999) "Webs with No Spiders, Spiders with No Webs:

> The Genealogy of the Developmental State", in *The Developmental State,* Woo-Cumings, M. (ed.), Ithaca & London: Cornell University Press, pp.61~92.

Evans, P. (1995) *Embedded Autonomy: States and Industrial Transformation,* Princeton, New Jersey: Princeton University Press.

Ha, Y-C. & Lee, W-H. (2007) "The Politics of Economic Reform in South Korea: Crony Capitalism after Ten Years", *Asian Survey,* 47(6); 894~914.

Hall, R. B. (2003) "The Discursive Demolition of the Asian Development Model", *International Studies Quarterly,* 47(1); 71~99.

Johnson, C. (1982) *MITI and the Japanese Miracle: The Growth of Industrial Policy,* Stanford, CA: Stanford University Press.

KOFIC (2004) *Korean Cinema 2004,* Seoul: KOFIC.

KOFIC (2008) *Korean Cinema 2008,* Seoul: KOFIC.

Koo, H. & Kim, E. M. (1992) "The Developmental State and Capital Accumulation in South Korea", in *States and Development in the Asian Pacific Rim,* R. Appelbaum & J. Henderson (eds.), London: Sage, pp. 121-149.

Pempel, T. J. (1999) "Conclusion", in *The Politics of the Asian Economic Crisis,* Pempel, T. J.(ed.), Ithaca & London: Cornell University Press, pp.224~238.

Pirie, I. (2008) *The Korean Developmental State: From Dirigisme to*

Neo-Liberalism, Abingdon: Routledge.

Shin, D-C. (1999) *Mass Politics and Culture in Democratizing Korea*, Cambridge: Cambridge University Press.

Wade, R. (1990) *Governing the Market: Economic Theory and the Role of Government in East Asian Industrialization*, Princeton, NJ: Princeton University Press.

Woo, J-E. (1991) *Race to the Swift: State, Finance and Industrialization in Korea*, New York: Columbia University Press.

Woo-Cumings, M. (1996) "The Political Economy of Growth in East Asia: A Perspective on the State, Market, and Ideology", in *The Role of Government in East Asian Economic Development*, Aoki, M., Kim, H-K., & Okuno-Fujiwara, M. (eds.), Oxford: Clarendon Press, pp. 323-341.

Woo-Cumings, M. (ed.) (1999) *The Developmental State*, Ithaca & London: Cornell University Press.

World Bank (1993) *The East Asian Miracle: Economic Growth and Public Policy*, Washington, DC: The World Bank.